Günter Kunert:
Der andere Planet
Ansichten von Amerika

Deutscher
Taschenbuch
Verlag

dtv

Von Günter Kunert
sind im Deutschen Taschenbuch Verlag erschienen:
Ein englisches Tagebuch (6310)
Ziellose Umtriebe (6327)

Mai 1982
Deutscher Taschenbuch Verlag GmbH & Co. KG,
München

ISBN 3-446-12012-2
Umschlaggestaltung: Celestino Piatti
Gesamtherstellung: C. H. Beck'sche Buchdruckerei,
Nördlingen
Printed in Germany · ISBN 3-423-01781-3

Das Buch

USA – love it or leave it! Für viele Europäer ist Amerika stets befremdlich geblieben, und auch Günter Kunert macht daraus keinen Hehl. »Man kann ein Land lieben und es doch nicht mögen, es hassen und es doch nicht verlassen wollen ...«, schreibt er hintersinnig und dabei nicht nur an die Vereinigten Staaten denkend. Von September 1972 bis Januar 1973 war Kunert – damals noch in Ost-Berlin ansässig – Gastprofessor an der Universität Austin in Texas. 44 Kurzkapitel geben seine Ansichten von Amerika wieder. Es sind Impressionen und Reflexionen von und über den John-F.-Kennedy-Airport, die Subway, New Orleans, ein Wachsfigurenkabinett und vieles andere mehr. Aus Bekanntem und Vertrautem wird unter Kunerts kritischem Blick Neues, Verblüffendes, Überraschendes – auch für Leute, die eigentlich alles schon kennen.

Der Autor

Günter Kunert, am 6. März 1929 in Berlin geboren, studierte 1946/47 an der Hochschule für angewandte Kunst in Berlin-Weißensee. 1951/52 Bekanntschaft mit Brecht, der ihn als Schriftsteller förderte. Seit 1950 regelmäßige Veröffentlichungen von Gedichten, Prosatexten und Reiseberichten, die gleichermaßen in der Bundesrepublik erschienen wie in der DDR. Nachdem er gemeinsam mit zahlreichen anderen prominenten DDR-Schriftstellern gegen die Ausbürgerung eines Kollegen protestiert hatte, verschärfte sich seine Situation so weit, daß er 1979 in die Bundesrepublik kam.

Inhalt

Widmung:

dieselbe wie immer derselben und von uns beiden gemeinsam für unsere Freunde in Amerika: alten und neuen und künftigen.

Vorwort

Erinnern und Schreiben, das ist identisch. Im Prinzip. Und woraus bestünde dieses, wenn nicht in dem fragwürdigen Vorgang von Selektion, Verdrängung, Bewertung, Urteil, der seine Gegenstände verfärbt und verändert – manchmal bis zur Unkenntlichkeit. Trotz aller Mühe: Objektivität steht nicht in unserer Macht. Wir sind keine Speichergeräte. Unser aufnehmendes Auge erweist sich bereits beim Aufnehmen als partiell blind, zumindest als kurz- oder weitsichtig: ungewollt nehmen wir manches einfach nicht wahr oder nur bestimmte Dinge, deren Analogien in unserem Bewußtsein oder auch Unterbewußtsein schon vorrangig vorhanden sind, vergleichbar den Kenntnissen des Frühgeschichtlers, der sehr wohl bearbeitete Steine von nur natürlich zerfallenen unterscheiden kann, und die der Fachunkundige übersähe. Ein weit umherreisender Oberförster kehrte mit einem anderen Bild von der Welt heim als ein Architekt, ein Schauspieler, ein Genetiker. Dem Schriftsteller ergeht es nicht anders; ihm, der einen empfänglichen Sinn für alles Formale entwickelt hat, schließen sich divergente und isolierte Momente zu Einheitlichkeit und Sinnaussage zusammen. Dann pflegt man von »höherer Wahrheit« zu sprechen. Das Stückwerk der Realität wird im Schreiben zu einer Vollkommenheit und Bedeutung erst zusammengefügt (einem allgemeinmenschlichen Kausalbedürfnis entsprechend), wodurch über längere Epochen hinweg der Eindruck zu entstehen pflegt, die Wirklichkeit enthalte die gleiche Mechanik, wie sie auch in der Literatur erscheint; selbst bei einer rationalen Einsicht in den unaufhebbaren Dualismus von Kunst und Realität verraten die Einsichtigen durch die Art und Weise, wie sie agieren, daß sie insgeheim auf eine (von wem oder was) dramaturgisierte Wirklichkeit bauen. Allein die anhaltenden, durch keine tatsächlichen Erfahrungen begründeten oder bestätigten Erwartungen auf den jeweils »guten Ausgang« von Unternehmen, die stete Zielrichtung auf ein sich von selbst ergebendes Happy ending, implizieren »falsches Bewußtsein«, verursacht durch die in jedem, selbst (und gerade) im trivialsten Werk wirksame konstruktive Logik und Schlüssigkeit.

Soweit die Hypothese über die Schwierigkeiten beim Erinnern der Wirklichkeit. Ein bekannter Schriftsteller, der am selben Ort wie der Autor, nämlich Austin, Texas, gewesen ist, erinnert eine dort erhaltene Information eindeutig anders, da er in seinem Tagebuch über einen mörderischen Vorfall schreibt: »Unlängst, vor einem Jahr, ist ein junger Mensch auf die Kuppel (des Capitols G. K.) gestiegen, ein Irrer mit Maschinenpistole, um blindlings auf den weiten Platz hinunter zu schießen in die Menge und Kommilitonen zu töten ...«

Es war aber die Balustrade des Uhrturms mitten auf dem Campus gewesen, die Waffe ein Gewehr mit Zielfernrohr, um eben *nicht* blindlings zu feuern, sondern genau, was auch geschah. Der Schütze, ein bis dato unauffälliger, ruhiger, durchschnittlicher Student, traf, ich glaube: sechzehn Studenten tödlich, ehe er nach Stunden überwältigt wurde; er hatte übrigens ein ganzes Arsenal bei sich; das Ganze, meiner Ansicht nach, ein extremer Fall, lebenslang entbehrte Aufmerksamkeit und Zuwendung zu erringen. Aber: Kein Streich, der jenem Schriftsteller da vom Erinnerungsvermögen gespielt ward, sondern das Endergebnis unkontrollierter, unkontrollierbarer Gedankenarbeit, eines beruflichen Dressats sogar, das, verselbständigt, für einen irren Todesschützen als Basis das Gebäude der Legislative vielsagender, sinnträchtiger, »wirkungsvoller« gefunden hatte.

Aber ist alles Berichtete darum falsch? Zweifle ich denn daran, daß ein Schriftsteller fähig sei, Wirklichkeit schriftlich glaubwürdig wiederzugeben?

Ich zweifle nur daran, sobald er sich bei seinem Unterfangen, nämlich der direkten und konkreten Beschreibung, selber ausklammert, seine subjektive Sicht verheimlicht und uns die besagte Objektivität vorspiegeln will, die aus erwähnten Gründen unmöglich ist. Täuscht der Schriftsteller in seinem Umwelt-Rapport vor, er enthalte sich der Interpretation, vorgebend, alles *sei* faktisch genauso, wie er es beschriebe, dann sollten wir mit größtem Mißtrauen seine Sätze mustern.

Doch – und das wäre die zweite Frage – ist es denn nicht fahrlässig, unter den dargelegten Umständen ein, wenn auch eingestanden subjektives, Buch über ein derart großes Land zu schreiben, für welches die Beobachtungsdauer nur vier Monate währte? Benötigte man nicht eher Jahre?

Vielleicht.

Obwohl: Gerade die Kürze des Aufenthaltes beläßt dem Gegenstand seine Frische, seine den Betrachter überraschende Neuheit und verhindert Gewöhnung, die nach Jahren bestimmt eingetreten sein würde. Erinnere ich mich recht, also eingeschränkt, so hat kein Autor, der längere Zeit, ein oder zwei Jahrzehnte, in den Vereinigten Staaten lebte, danach noch über das Land geschrieben. Beispiel dafür wären, nachdem sie im Gastland Fuß gefaßt, die deutschen Emigranten, deren Bücher zwar deutlich von den neuen Umständen beeinflußt wurden, von denen jedoch keines zu einer grundlegenden Darstellung der neuen Heimat geworden ist.

Die psychische Ausnahmesituation eines Kurzaufenthaltes erzeugt gesteigerte Aufnahmebereitschaft, erhöhte Sensibilität der Umwelt gegenüber, größere Wachheit des Instinktes, der, was in der fremden Luft liegt, erwittert und erkennend errät, was einem anderen nur durch lang dauerndes Aufmerken klarwerden würde.

So wird, was ihr zu widersprechen scheint, doch zur Legitimation für dieses Buch, für diesen Versuch, einige Details zu erkennen, einige Grundzüge jener großen Nation, die geschichtlich über ihre Anfänge hinausgelangt, aber noch keineswegs am Ende ist.

Günter Kunert, 24. März 1974

Kennedy Airport

Wirklich angelangt sein an einem Wunschort: ein Wunder. Es hat sich ereignet – obwohl es, bedingt durch Erschöpfung und Schlafmangel, durch die äußeren Umstände innerhalb der unübersehbaren, überdimensionalen Abfertigungshalle im Augenblick noch verdeckt ist und noch nicht erkennbar. Es wird während der künftigen Tage mehr und mehr hervortreten, andernorts und zum Beispiel auf einem Raddampfer namens »President«, der sacht im lehmigen Wasser des Mississippi hingleitet, oder im La Quinta Motor Inn im Weichbild von El Paso, kurz nach Sonnenuntergang, phantastisch und real zugleich wie ein Traum, den der inzwischen entstandene zeitliche Abstand immer unglaubwürdiger und mirakulöser macht. Doch im Moment wissen wir, die Reisenden dieses Rapports, die Arme von Koffergewichten abwärtsgezerrt, noch nichts von solchen Zukünften, sondern irren zwischen Reisenden, Hostessen, Gepäckträgern, Polizisten und den Schaltern von klangvoll benannten Luftfahrtgesellschaften umher, auf der Suche nach einem Flugzeug Richtung Washington, D. C.

Denn: wir haben den Anschluß verpaßt, faktisch und nicht fiktiv wie sonst. Weil in der langen, nur sehr zögernd vorankommenden Menschenschlange vor den engen Einlässen, Wirklichkeit gewordenen »Engpässen«, unterschiedlichen Nadelöhren für American Citizens, Residents und Foreigners, uns Foreigners ein mädchengestaltiger, dicklicher und bebrillter Erzengel aufhielt. Unter Amputation zweier Monate von den uns bewilligten sechsen durften wir endlich eintreten in die Neue Welt, von der wir bisher nichts gesehen als die geometrischen Muster wuchernder Vorstädte und am Horizont turmhafte Schemen, sehr fern und vielleicht bloß eine optische Täuschung. Und gerade die Ankunft an diesem Erdpunkt war von ganz anderen Vorstellungen beeinflußt gewesen. Versiegelte Gehirnwaben gaben ihre fragwürdigen Bilderschätze frei: Statue of Liberty, den Arm fackeltragend bewillkommnend erhoben; Emporsteigen der berühmten Skyline über der Kimm; Herden von Ozeanriesen; Balkonblick in Straßenschluchten – und was dergleichen der oberflächlich visuell Informierte bei passendem Anlaß in seinem Kopf regeneriert.

Immer ist die Wirklichkeit anders. Der Passagier durch den

permanenten Tag meinte zuerst, die Maschine habe sich verflogen, da sie nach der Atlantiküberquerung durch die Wolken abstieg: kahle Felsen, Klippen, und die Zerklüftungen wassergefüllt – das konnte das Ziel nicht sein. Ein einsamer Landeplatz, ein mittelmäßiges Abfertigungsgebäude, möglicherweise sind wir bereits entführt, aber auf Kuba weist nichts in der Gegend hin, und dann zog am ovalen Auslug der Name der Einöde vorbei: Gander. Das Ohr hörte: Auf Neufundland gelegen. Hier werde aufgetankt. Im Anschluß daran und wenig später (es bekam der alte Heymsche Titel ›Der ewige Tag‹ neue Bedeutung) erschien die wellige Landschaft Neu-Englands, braun, dunkelgrün, unbewohnt, danach durchzogen von Autobahnen, die Autos, kaum erkennbar und scheinbar ohne Bewegung, wurden jedoch, je tiefer wir sanken, schneller und vermehrten sich ebenso, und die quadratweise abgestellten Container wurden zu Einfamilienhäusern. Obgleich sich die Schatten schon dehnten und streckten, schien die Sonne, unsere Begleiterin, wie vor Stunden, so daß wir, der Ortszeit entsprechend, ein geringeres Zeitdebet besaßen; verbunden der Reise durch den Raum, fand zugleich eine im Wellsschen Sinne durch die Zeit statt und verzögerte deren Ablauf. Wir hatten plötzlich sechs, sieben Stunden Lebensdauer gewonnen, ausreichend genug, das Pulver zu erfinden, Kinder zu zeugen oder ein epochales Werk zu schreiben (etwa ein Drittel der ›Strafkolonie‹, die Kafka in siebzehn Stunden verfertigte). Diesem Geschenk folgte, wie erwähnt, der amtliche Diebstahl von zwei Monaten. Wir erhielten sie ebenso amtlich später zurück, verloren dafür auf dem Rückflug jedoch jene sechs Stunden. Aber um alle Vorgriffe auf die Zukunft zu beenden: im Augenblick sehen wir, der Einleitung entsprechend, zwei Leute, Mann und Frau, der verpaßten Maschine wegen durch die gigantomanische Halle ziehen, irritiert von Schalter zu Schalter, ein Flugzeug aufzutreiben, das eventuell doch noch heute in die Regierungshauptstadt flöge, aber alle Auskünfte klingen negativ. Einmal ein Hoffnungsfunke: In zwei Stunden starte eine 707, sei zwar ausgebucht, falls aber Fahrgäste ausblieben, könnten die beiden verirrten Gestalten deren Plätez einnehmen; die freundliche Ungenauigkeit der Antwort gibt nicht zu erkennen, ob von den beiden Verirrten ein Obolus erwartet ward oder nicht, ob es eine zu nichts verpflichtende Tröstung gewesen oder eine reale Zusage. Und der Tag, von bisher unaufhörlicher Dauer, beeilte sich auf einmal, sein eigenes Versäumen aufzuholen. Plötzlich gingen die Lampen an, draußen Tiefstrahler und Leuchtschriften, grundiert von unwahrscheinlichem Türkis, zum Horizont hin orange verfärbt. Rundum Betonformen aller Art, meist kubisch und fensterlos, Flugleittürme, An- und Abfahrtsrampen, gelbe Taxis tauchen auf, halten, entladen ihre Inhalte, fahren ab: aus stieg die örtliche Menschheit, vielfarbig, vom drawidischen Schwarzbraun, Harlemer Schokoladenton, hawaiianischer Bronze, black is beautiful, bis zu europäischen und asiatischen Pigmenten. Die Scheinwerfer nähern und entfernen sich als Zwillingsgestirne in einem fremden Kosmos nach unbekannten Gesetzen, von himmelwärts erscheinenden Doppelkometen, den Landescheinwerfern der Flugzeuge, flüchtig berührt.

Die beiden Reisenden, immer noch umherirrend, finden in einem anderen Terminal ihr Glück, einen Glücksgott, bedienstet bei PANAM, der in perfektem Deutsch die Lösung präsentiert: Vom La Guardia Airport (dem einstmals zentralen) gehen stündlich Shuttle-Flüge nach Washington! Stündlich!

Und, seiner Göttlichkeit entsprechend, reicht er ihnen (uns) einen Bon zur freien Benutzung des Busses. Schon sitzen wir darinnen, fahren schon, jeglicher Unruhe ledig, fast von Wohlbehagen erfüllt: angelangt, ohne abgestürzt zu sein: richtig bewußt wird einem das jetzt erst; jede Flugstunde imaginierte sechzigmal diese Möglichkeit.

Dahin über den Beton, jede Bahn dreispurig. Rechts und links ziehen Wagen vor oder bleiben zurück, besetzt mit einer Sorte von Homo sapiens, von der wir richtige falsche Vorstellungen hegen: mit Amerikanern. Dahin unter erleuchteten Hinweisschildern, Weiß auf Grün, ihre Worte beruhigen und ermuntern zugleich; es ist, als kenne man die Straßennamen und Ortsbezeichnungen längst (man kennt sie ja auch wirklich längst), entziffert erneut, was man in Büchern las, in Filmen sah, und bekommt das die Verblüffung über das Gelingen der Reise steigernde eigenartige Empfinden, selber in besagte Bücher und Filme eingetreten zu sein. Kein Gefühl von Fremdheit, von Verlorenheit; selbst wenn die Kenntnisse eines Landes noch so abstrakt, noch so literarisch geprägt sein mögen, sie erlauben doch sofort die Illusion des Wiedererkennens, das, verstärkt durch den psychischen Ausnahmezustand, als Therapie eventueller Einsamkeitsfurcht entgegenwirkt. Auch der nur mäßig gebildete Bürger des ausgehenden zwanzigsten Jahrhunderts lebt nicht mehr ausschließlich, körperlich wie geistig, im

Dunstkreis seiner relativ abgeschlossenen Heimat, weltfremd im abgelegenen Städtchen, in isolierter Gegend, er lebt im viel stärkeren Maße als Generationen vor ihm in allen Teilen und Epochen der Erde, welche ihm die Kunst, die Literatur nacherlebbar gemacht hat. Wie frühere Literaturen das Exotische schon des Nachbarlandes bis zur Lächerlichkeit betonten, entdeckt die heutige, sogar die Trivialliteratur von Graham Greene bis ›Suzie Wong‹, Ähnlichkeit und Identität. (Wer als Proust-Leser nach Illiers kommt, ist dort zu Hause. Und, um die Dialektik solcher Begegnung zu verdeutlichen, zugleich fällt vom Ort des literarischen Geschehens her ein neues Licht auf das Werk; Kafka beispielsweise begreift man gänzlich erst in Prag selbst.) Wer gar, wie unser Reisender, außer zu lesen, auch zu schreiben sich befleißigt und am Anfang dieser seiner Tätigkeit von Paten wie Edgar Lee Masters, Carl Sandburg, Walt Whitman das Geschenk erster formaler Ausdrucksfähigkeit erhielt und dessen ferneren Lebenslauf die amerikanische Literatur begleitete, wie sollte der, außer der Sensation märchenartigen Versetztseins auf einen anderen Kontinent, nicht eine bemerkenswerte Geborgenheit konstatieren anstatt deren Gegensatz? EAST SIDE oder DOWNTOWN MANHATTAN, QUEENS EXIT NEXT ½ MILE oder BROOKLYN BRIDGE ergeben diesenfalls ersehnte Begrüßungen von Freunden, mit denen man zusammen lebt, in Reichweite des Bücherregals.

Freilich: es hält nicht vor, vergeht, kommt wieder, wird aufs neue zerstört, wie jetzt gerade, da die Reisenden, aus dem Dunkel die wenigen beleuchteten Stufen zu einem karg möblierten Büro emporstolpernd, mit der obligaten Frage, ob man helfen könne, empfangen, vernehmen, sie dürften gleich in den Luftpendler steigen – aber dann doch nach Vorweis der Tickets mit einem mageren »Sorry!« enttäuscht werden. Die Tickets sind Tickets einer nicht anerkannten Fluggesellschaft eines nicht anerkannten Landes. Tut uns leid. »Aber wir fliegen doch auf diese Tickets weiter mit der United Airlines bis Washington und anschließend mit Braniff nach Texas ...«

Sorry!

Zurück zum Kennedy Airport, nun auf eigene Kosten, durch den Tunnel schwärzester Nacht, an dessen Ausgang ein Schalter wartet, ein blau uniformiertes Mädchen, am Käppi den stilisierten Globus der PANAM, die, in Vertretung der tschechoslowakischen Gesellschaft, der ČSA, den Reisenden eine Übernachtung zugesteht: Man möge vor dem Tor der Halle auf den

Kleinbus vom Holiday Inn harren, wo man die Nacht verbringen werde.

Warten. Wie leicht gesagt, wie schwer getan: für Leute, die seit über vierundzwanzig Stunden auf den Beinen sind.

Warten. Ein Bus! Aber vom Ramada Inn, der Konkurrenz des Hotelgiganten, in dessen Obhut wir wie in Abrahams Schoß ruhen sollen. Bloß wann. Taxen rollen an und ab. Es kreuzt der blauweißrote Bus von der U.S. Mail auf – auch ein großes Unternehmen – und läßt uns, wie nach ihm Bell's Telephon Comp., links liegen: wir warten.

Zum Schalter zurück, gestikulierend andere Verhandlungen zu stören: Dauert es noch lange, bis der Bus, und wenn, wie lange ... Man werde sofort nachfragen, one moment, please, und es wird sofort fernmündlich nachgefragt und nahmündlich erwidert: Der Bus kommt sofort, bitte warten Sie draußen vor der Tür.

Irgendwo zeigt eine nicht zu erinnernde Uhr, daß es auf Mitternacht geht. Kaum noch potentielle Verkehrsteilnehmer. Von Leuten ganz zu schweigen. Schalter schließen. Draußen: eisige Zugluft, eine Spezialität der Ortschaft, an deren Rande wir, Reisende, zur Unbeweglichkeit, zum Nichtreisen gezwungen, hängengebliebenen Tropfen gleichen.

Zurück zum Schalter: Es sei immer noch kein Bus gekommen, einen Augenblick bitte, es werde gleich telefoniert, es wird, Hallo, ja?, bitte draußen warten, der Bus ist bereits unterwegs!

Kein Bus. Dafür ist auf einmal die leer werdende Halle wirklich leer: bis auf einen Schwarzen, eine Kehrmaschine dirigierend, und einen Polizisten, Archetyp aller, Klischee aus einem gesellschaftskritischen Film, der böse »Cop«, massig, dick, in Hemdsärmeln, den Colt seitlich des Bauches, die Mütze aus der Stirn gerückt, sein Auge verfolgt den einzigen späten Reisenden, der zu erneuter Beschwerde gen PANAM aufgebrochen ist und nun den Schalter »closed« und mädchenverlassen vorfindet. Es ist Mitternacht vorbei. Lampen werden abgeschaltet. Die letzte Phase, betitelt »Ein Flugplatz geht schlafen«, beginnt.

Werden wir uns in der Kälte eine rechtens so genannte Erkältung holen? Sollen wir eine der beiden Schnapsflaschen, Geschenke für Freunde, hervorkramen und etwas Wärme-Illusion daraus saugen? Werden wir gar auf einem Polizeirevier übernachten müssen? Wie kommen wir hier weg und in die Stadt hinein?

Dann erscheint, kurz vorm Untergang, den Schiffbrüchigen der rettende Dampfer, dessen spätes Aufkreuzen seine anschließende Route klarmacht: er dampft von Terminal zu Terminal, wo überall übernächtige Figuren, die ihren Flug versäumten, aufgenommen werden. Dankbar klettern sie aus der kalten Nacht in den Schutz der Blechschachtel, um wenig später, wie wir, in einem Apartment zwischen Schmiedeeisengittern, Kunstdrucken, chinesischen Rollbildern, Farbfernsehern und blumigen Tapeten in den Schlaf zu fallen wie in eine gründliche und erholsame Ohnmacht.

Austin (Texas)

Wer nichtsahnend das gläserne Tor des Apartmenthauses öffnet, die Straße zu betreten, hat die persönliche Erfahrung des gestrigen Abends sowenig bewahrt wie gewisse Völkerschaften ihre kollektiven. Dabei hätte ihn das Mißverständnis nach der Landung auf dem kleinen Flugplatz vorwarnen müssen. Kaum festen Boden unter den Füßen, erhob er, der Ankömmling, gedämpft Beschwerde gegen die ungeschickte Placierung des Flugzeugs: der heiße Luftstrahl aus den leer laufenden Düsen treffe ja die übers Rollfeld Abmarschierenden. Welch ein Irrtum!

Und so steht am nächsten Morgen der Neu-Austiner, bereit zur fußgängerischen Eroberung der Stadt, zwar vor der Haustür, aber zugleich unerwartet in einer Sauna. Schneller als er läuft sein Schweiß. 94 Grad Fahrenheit. (Erkunden, was das in Celsius bedeutet!) Solchermaßen beginnt der erste Spaziergang durch eine fremde Hauptstadt: Neugier neutralisiert den Rückzugswunsch. Unsere Straße, unsere auf Zeit, von der wir jetzt ein zumindest wirtschaftlicher Bestandteil sind, eingeordnet und auffindbar unter »1800 Lavaca, Greenwood Towers, Apt. 603«, hinunterschlendern, die sinkenden Zahlen der sie kreuzenden Straßen passierend, langsam in Richtung des Capitols, dekorativer Mittelpunkt unseres Fensters, ab Sonnenuntergang von Scheinwerfern angestrahlt, kulissenhaft dadurch, unwirklich wie alle amerikanischen Städte; ihre optische Erscheinung wird auch nach Wochen noch etwas Irreales haben; als sei jede von einem Bühnenbildner entworfen: theatralische und übertriebene und darum nicht ganz glaubwürdige Projektionsfläche für das Lebensgefühl der Einwohnerschaft. Wie bei keiner europäischen hängt das äußere Bild der amerikanischen Stadt, ihre Häßlichkeit und Schönheit, davon ab, von welchem Blickwinkel her sie sich im ganzen oder einzelnen präsentiert; wie sie sich dem auf einer Zufahrt Anreisenden entgegendreht, gewaltig wachsend sich aus dem Boden windet, immer neue Schnittflächen zeigt, neue Facetten, überwältigend durch die Kristallisation von Quantität. Gleichzeitig der Eindruck des Provisorischen, des Kurzfristigen, des in dieser Gestalt nicht Dauernden. Als könne morgen früh alles abgebrochen sein wie ein Zirkuszelt, wieder überall nur nackter Fels und Geröll die Basis bilden, überflutet von Sonne und tropischer Wärme, durch die umwattet man zäh flaniert, durchhalten, Beine heben, ständig an flachen Bauten entlang, an Läden, an DAN'S LIQUOR STORE (sonnabends verbilligtes Schnapsangebot), WESTERN BOOTS AND SADDLEMAKER (wo wir die teuerste Schuhbesohlung unseres Lebens erleiden: 7,50 Dollar – dafür gibt's neue!); vorbei am Kramladen des Frauenklubs einer katholischen Kirche, gereinigte Kleidung, aufgemöbeltes Mobiliar, geputzte Glasware, im Namen des Herrn der Ertrag für die Armen, welche auch ich durch den Kauf einer Flasche aus blauem Glase, abgeplattete Form, mit Adler und Sternen, demnächst bereichern werde. Wobei ich mich selber für den Bereicherten hielt, bis ich das vermeintlich antike Stück in ›The Official Bottle Price List‹ mit 2,75 Dollar eingetragen fand.

Komm zum Toy Palace, wo in Regalreihen Spielzeug über Spielzeug, kulturhistorische Landesverräter, dem Betrachter die Sehnsüchte und Schrecken ihrer Ära schweigend mitteilen, ihm zugleich Vergnügen bereitend. Barby, die Puppe aus dem Schönheitssalon, die Marilyn Monroe des Kinderzimmers, das unerreichte Ideal aller physisch Unvollkommenen, und das sind alle; Astronautenausrüstungen für Sechsjährige; Rennautos, die beim Zusammenstoß in alle ihre Bestandteile zerfallen, zerstören macht Spaß; und die unübersehbare Schar von Stofftieren bis hin zu den obskuren Trollen der ›Sesam Street‹, einer Fernsehserie für Kinder bis ins achtzigste Lebensjahr: weil die geminderte Kommunikationsfähigkeit, weil die in der Menschenmasse erstickte reine, nämlich von keinen sozialen Gewichten belastete Liebe ein Objekt benötigt, und wäre es ein Tier, egal, ob aus Plüsch oder Fleisch und Blut.

Da ist es: The State Capitol, sieben Fuß und acht Inches höher als das in Washington – zur Befriedigung aller wahren Texaner; umgeben von einem kleinen Park voller Eichhörnchen und Vögel, metallisches Gefieder, tiefschwarz, darauf ein bläulicher Glanz: hin und her laufen, picken im breithalmigen, harten Gras, Bermudagras, grün das ganze Jahr lang; bilden sich irgendwo gelbe Trockenstellen, holen wir uns von Woolworth in der Congress Avenue einfach Rasenfarbspray: ein Fingerdruck, der Fleck ist weg, zumindest: seiner natürlichen Umgebung erneut integriert, und darauf kommt es nicht nur beim Rasen an.

Morgen oder in einem Monat begegnen wir den Eichhörnchen sogar an Verkehrsknotenpunkten, Hauptstraßenkreuzungen wie Lavaca, Ecke 19. St. oder 19., Ecke Guadalupe (genannt »The Drag«), wo sie unter Mißachtung der Ampeln die Dämme zu überqueren versuchen und manchmal einen lumpenähnlichen Fleck auf dem Asphalt bilden.

Fleischige Agaven, dicke grüne Zungen, die uns aus dem Pflaster heraus anbläken, seitlich mit Stacheln besetzt, ein Glück, daß sie nicht lecken können und nur hier und da die Gehsteigplatten anheben. Sträucher am Bordstein werden im November die Blätter abwerfen, die trotz des tropischen Klimas nicht verrotten und als kleinfingrige braune Hülsen liegenbleiben, bis der Wind oder die Straßenreinigung sie mitnimmt.

Aber noch wandern wir durch den Miniaturpark, überragt von Vertretern der texanischen Historie, in Bronze und im Geschmack der Belle Époque erstarrt: Texas Rangers, ein berittener Terroristentrupp zur Unterdrückung der mexikanischen Minorität und später heroisiert. Ein Soldat aus dem spanisch-amerikanischen Krieg. Ein hutschwenkender Cowboy auf einem reglos-wilden Roß: Rodeo-Schnappschuß eines naturalistischen Bildhauers. Zwei Kanonen aus der Schlacht von San Jacinto, aus der Mexiko als Verlierer hervorging. Und eine stark mißlungene und stark verkleinerte Kopie der Freiheitsstatue, von den Pfadfindern etwas abseits in den Büschen erigiert: für den »Kreuzzug für die Freiheit – 1951«; sie gibt zu erkennen, daß der Lone-Star-State, der selber erst 1845 in die Union aufgenommen wurde, bis zu einem gewissen Grade an der Weltgeschichte beteiligt ist.

Obwohl: sobald die Firma auf der Guadalupe uns übermorgen einen Farbfernseher (»Quasar«) geliehen und installiert haben wird, werden wir einsehen, wie weit Europa von den Vereinigten Staaten, und ganz besonders von Texas, entfernt liegt. Walter Cronkite von CBS wird uns zum Frühstück das Neueste im überregionalen Programm über den Vietnam-Krieg mitteilen und danach über einen Auftritt McGoverns in Boston oder Nixons in San Antonio (bei uns um die Ecke) berichten, weil eine Contradictio in adjecto sich vorbereitet: die schweigende Mehrheit soll ihre Stimme abgeben. Es folgen Erdbeben, Überschwemmungen, Flugzeugabstürze, Brände, Israel, Ägypten, Chile: was gibt's Neues daheim, sag an, sprich, wobei das Daheim sich bereits zum heimatlichen Kontinent geweitet hat, doch dort scheint jegliches im Dornröschenzustand zu verharren, und gleich springen uns die regionalen Ereignisse an: Tornado, Mord, Autounfall, Kinderfest, Universitätsgeschehen. Und im heiligen Herzen der Völker? Nichts aus Germaniens Okzident und Orient? Von meinen lieben Teutschen nichts? Und hinter den verwitterten, mäßig sich gipfelnden Felsbergen rund um die Stadt droht bald die übrige Erde zu versinken, und auch das soll uns künftig kaum berühren.

Bleiben wir eine kleine Weile zu Füßen des gigantischen Feuerwehrmannes sitzen, der ein Kindlein von etwa unserem Format auf dem Arm trägt, es winkt, glücklich gerettet, den Eichhörnchen zu: für heute haben wir genug gesehen. Wir haben ja Zeit im Überfluß und ahnen noch nicht, daß wir, was wir jetzt aufschieben, niemals sehen werden, wie beispielsweise das O.-Henry-Haus oder das Elisabeth-Ney-Museum, weil durch den bekannten Zeitraffertrick die letzten Wochen als Tage auftreten und diese wiederum als Stunden, aus deren Enge kein Ausbruch mehr erfolgen kann.

Noch aber ist ein Zeitkapital vorhanden, aus dem wir mit vollen Händen schöpfen, im eillosen Wandeln, auf der Schattenseite der Lavaca zurück zum Greenwood Towers, an welchem nichts den euphemischen Namen rechtfertigt, wo jedoch in der kleinen Eingangshalle die Klimaanlage mit kühler Luft und der Hausmanager, der weiß, wieso er nie hinausgeht, mit raucherkatarrhischem »Hi!« die Eintretenden empfangen.

Überlegungen vor dem Abflug, was an notwendigen Gebrauchsgegenständen man wohl mitnehmen müsse. Diskussionen über Überflüssigkeiten heben an: Wozu denn Kleiderbügel, Unsinn, drüben gibt es doch sowieso alles! Zeugen der ehelichen Auseinandersetzung über den Gepäckinhalt ergreifen die Partei der maskulinen Seite: Bügel mitnehmen heißt Eulen nach Athen tragen: Ihr kommt in eine Welt, in der es mehr Dinge gibt, als sich eure sozialistische Schulweisheit träumen läßt. Es wird euch gehen wie Aladin mit der Wunderlampe, ihr braucht nur einen Wunsch auszusprechen, und das Gewünschte wird erscheinen (vorausgesetzt, ihr könnt es bezahlen).

Und dieser Tag ist eines nahen Tages da: der aus Mitteleuropa in die Prärien versetzte Aladin bittet den örtlichen Dschinn (ohne Lampenreiben): Gib mir ein Telefon!, und dieser erwidert: Wann bedarfst du dessen? – Umgehend!, worauf jener, »Bell« gerufen, fernmündlich zustimmt, und bereits nach drei, vier Stunden pocht es an die Tür des Zauberlehrlings: draußen steht der Gott aus der Maschine, das Telefon unterm Arm, tritt grüßend ein: Hi, man!, schließt es an, und wenig später läuten schon neue Freunde die eben installierten Glocken.

Gib mir einen Farbfernseher! Gib mir eine Schreibmaschine! Weitere Wesen schleppen alles herbei, und jedes von ihnen verspricht, sich einmal im Monat brieflich zu melden, mit einer kleinen Forderung und einer Bitte: Please do not fold check! Denn die Geldbeutel der hilfreichen Geister sind »computerisiert«, buchen und verrechnen vollautomatisch alle bargeldlosen Zahlungen, und eine Banknote wirkte vermutlich in diesem perfekten System wie der allegorische Sand im symbolischen Getriebe.

(Ohnehin: wer bar bezahlt, ist verdächtig. Ein Namenloser, der möglicherweise unter Brücken nächtigt. Erst mit dem Scheck oder der Kreditkarte gewinnt man Identität und wird nicht als potentieller Krimineller angesehen. Doch keineswegs allein darum, auch aus Angst, des Bargeldes beraubt zu werden, zahlt jedermann mit dem persönlich signierten Stück Papier, was manchmal vor Kassen Schlangen wachsen läßt; für eine Tasse Kaffee und ein Brötchen schreibt einer mühselig die Summe aus, in Buchstaben, please, und der nächste tut es ihm gleich, gefolgt vom wiedernächsten. Geduld, Neuling: du bist das Anstehen gewöhnt, wenn auch aus andern Gründen. Sprich lieber einen weitren Wunsch aus!)

Ich benötige ein Auto – sogleich!

Bitte: C. B. Smith steht mit neuen und gebrauchten Volkswagen zur Verfügung: drei Käfer zur Auswahl, Zahlung nach Vereinbarung; Zulassung gibt's zu: BHW-674 (Model: 1131, Color: Blue, Year: 1965); Versicherung? Erledigt die Firma: Sie erhalten den günstigsten Tarif, und dann werden Sie monatlich ... Ja: das kennt man schon: Do not fold! Bloß braucht man als ausländischer Aladin eine amerikanische Fahrerlaubnis, ein Drivers Licence, leider von keinem Hexenmeister herbeizuzaubern. Zwang zum eingehenden Studium des ›Texas Drivers Handbook‹; abendliches Büffeln andrer Maße, Foot, Inches, Miles, andrer Verkehrsschilder (»No U-Turn«); das Verhalten bei Unfällen, Handzeichen, Nachtfahrten, Sicherheitsbestimmungen; dem schließt sich der Besuch im Highway Department am Rande der Stadt an, wo man schwören muß, weder an Syphilis noch Epilepsie zu leiden und daß die persönliche Rassenzugehörigkeit korrekt ist: kaukasisch bin und bleibe ich! Schwören Sie! Ich schwöre. (Tatsächlich: mit erhobener Hand vor einem Schalter, besetzt mit einem pickligen kaukasischen Mädchen, weitere schwurbereite Anwärter im Rücken.)

Eintritt in die Knopfdruckanlage. Beleuchtete Szenen von Verkehrssituationen, right or false, entscheide dich: sechsunddreißigmal (wie beim Roulette) die Wahl zwischen falsch und richtig (wobei neunmal geirrt werden darf). Damit nicht genug: die eigene Fahrfähigkeit muß vorgeführt werden. Ein Polizist in Hemdsärmeln, den Colt an der Seite, den Messingstern überm harten Herzen, nimmt auf dem Beifahrersitz Platz, einen Vordruck auf den Knien, Kästchen zum Ankreuzen: Fangen Sie an – zuerst rückwärts! Und weil es in jedem Märchen neben den guten auch die bösen Kobolde gibt, führt ein solcher den Prüfling kreuz und quer und zuletzt auf eine Werkanlage: in eine Falle, denn er, der Prüfling, obwohl »vorfahrtberechtigt«, stoppt vor einem rechter Hand auftauchenden Wagen: Sie sind durchgefallen! Eine Rechtskurve zu weit, eine Linkskurve zu eng und in einer Straße mit erlaubter Geschwindigkeit von dreißig Meilen fünf Meilen über Limit gefahren. Aber die besseren Geister verlassen den Ihren nicht. Die Prüfung ist täglich wiederholbar, kostet keinen Cent, und irgendwann, und sei es beim siebzehntenmal, schafft man es schon. (Tröstungen von andern:

Wir sind alle beim erstenmal durchgefallen!) So vollzieht sich am nächsten Morgen die Prozedur aufs neue, nur mit einem anderen und andersgearteten Polizisten, der am Ende genau derselben Strecke – auf welcher der Prüfling gleichartig agierte und reagierte – gutgelaunt und herzlich sein Okay spricht.

Und nun? Nun endlich können wir die Kleidung zur Reinigung bringen, die, wie fast alle, eine Drive-in-Anstalt ist: man reicht aus dem Wagenfenster seine Textilien in das Fenster einer Institution, deren Bezeichnung so vokalreich und exotisch tönt, wie es sich für Tausendundeine Nacht gehört: Kwik-O-Mat. Nun endlich können wir auch durch die Bank fahren, am Drive-in-Window bremsen, unsern Kontostand erfragen und einen Scheck einlösen: der Schatzwächter hinter kugelsicherem Glas begrüßt uns nach unserer Identifikation durch seine Sprechanlage in einem Deutsch, das unserm Englisch adäquat ist. Nun endlich erreicht man zu jeder Tag- und Nachtzeit jede Tankstelle, um Eiswürfel (im kälteisolierenden Papiersack) für den Whisky zu holen, falls der eigene Kühlschrank nicht genügend produziert. Nun endlich erreicht man suburbiale Supermärkte, um etwa ein Gewehr und tausend Schuß Munition im Academy Surplus zu erwerben, stundenlang durch die kleinen Läden im kilometerlangen, fensterlosen Betonkasten Highland Mall zu bummeln, wo die ganze Gegend nach Kuchen riecht (aus den Fabriken von Buttercrust of Texas), oder bei den Used-Cars-Plätzen einen Wohnwagen für langen Reisen zu kaufen oder irgend etwas anderes, vielleicht nur einen Telefonapparat, Wählerscheibe im Hörer, in den texanischen Farben Weiß und Orange, für sechzig Dollar (»Cash or charge, Sir?«), eventuell einen ganzen Anzug im selben lokalpatriotischen Look oder für den Gesinnungsbürger gefertigte Möbelstücke, alle entsprechend koloriert, und nur beim Fleischer fände man keine Nieren, keine Leber (außer seiner eigenen): die müßte der Schlächter erst von einer Fee herbeifliegen lassen, was er auch zu tun verspricht.

Und nur wenn Aladin ein Unwohlsein verspüren sollte, etwa einen Husten, wird die Lage kritisch: den Hustensaft im Drugstore rückt der Verkäufer nicht heraus, weigert sich, es ohne Rezept zu tun, weil, wie er sagt und gestisch nachahmt, die Studenten der Universität gegenüber sich den süßlichen, mit einem geringen Prozentsatz Kodein versetzten Sirup in die Armvenen spritzen! Nachdem man sich jedoch als Nichtstudent und eben eingereisten Aladin zu erkennen gibt, Namen und Adresse vorweist, die sorglich in einen Folioband eingetragen werden, wird auch hier gemacht, was das Dasein überhaupt erträglich sein läßt: die Ausnahme von der Regel. Wir dürfen das Fläschchen getrost nach Hause tragen.

Und eines Tages endlich kann Aladin das alles auch den Zeugen seiner Abreise berichten, die befriedigt erklären, es ja vorausgesagt zu haben: es gibt eben alles! Wozu Kleiderbügel Tausende von Kilometern über den Globus schleppen wollen . . .

(Solche Meinung nicht zu enttäuschen, nickt der Heimgekehrte zustimmend. Aber gerade Bügel hätte man als einziges wirklich gebraucht, denn landauf, landab existieren nur einem solchen entfernt ähnlich sehende, aus nacktem Draht häßlich zusammengebogene Kleiderhalter; sie, und nur sie, sind die wahren Gleichmacher, weil der Millionär wie der Bettler auf nichts anderes seinen Smoking hängen kann als auf ein solches Unding.)

Die alte Bäckerei

Das schmale, einzeln stehende Gebäude, flankiert von Baugrundstücken (ihr Zustand suggeriert, sie »enttrümmert« zu nennen), die Nummer 1006 in der Congress Avenue, ist The Old Bakery, gebaut von Charles Lundberg, einem schwedischen Einwanderer im Jahre 1876, restauriert 1963.

Ein kleiner eiserner Balkon wagt sich im ersten Stock kaum ein Stückchen von der Fassade fort: 1909 schaute man von ihm aus auf die Parade zur Amtseinführung des Präsidenten McKinley hinunter, doch nicht deswegen wurde das Haus erhalten, sondern weil sich im Parterre, wie eine üppige Stahlgußtafel meldet, die »alte Bäckerei« befand. Ofenwarm erhielten die Kunden das Brot, lesen wir da, und außerdem sogar »unsliced and unwrapped«, ungeschnitten und unverpackt. Legendär schon wie ein öffentliches Schaumahl des hohen Mittelalters, was in der amerikanischen Antike unhygienisch und unvorstellbar stattfand; den erhaben gegossenen und polierten Worten wohnt Verwunderung inne.

Doch nicht allein räumlich, das Haus ist auch generationsbedingt einsam. Bauwerke aus der Mitte des vorigen Jahrhunderts existieren ganze zwei Exemplare, Zeitgenossen eher für uns, da die meisten europäischen Städte, nicht nur die Metropolen, ihre bis heute typische Gestalt vor dem Ersten Weltkrieg annahmen. Die kleinen, vom Bevölkerungsdruck verschonten Ortschaften tragen beinahe unverändert ihr einstiges Aussehen weiter fort wie einen abgeschabten, aber immer noch soliden Anzug.

Hier jedoch steht das alles unter Denkmalsschutz und ist im Bewußtsein der Bürger derart in geschichtliches Dunkel gerückt wie andernorts die Gotik. Anfangs lächelt man über das vom eignen abweichende Zeitgefühl, bis man sich inmitten der brandneuen, kahlkubischen Umwelt dabei ertappt, wie man fasziniert eine Zikkurat aus weißem Marzipan anstarrt, zinnengekrönt, von Zuckerguß überdeckt und von der zwanzig Stockwerk hohen Spitze bis zum Erdboden vom gleichfalls weißen Zickzack der Feuerleiter naiv verschandelt: mit Erstaunen vernimmt man seine eigene Stimme, da sie soeben sprach: Schau, diesen *alten* Bau ... Und ganz ernsthaft damit das vor fünfzig oder sechzig Jahren erbaute Hochhaus meint.

Ohne daß man es merkt, verändern sich in einem selber die Bezüge, weil das ganze Bezugssystem ein anderes ist, und die örtliche Architektur der ersten drei Dezennien unseres Jahrhunderts will uns vorkommen wie die eines am Euphrat versunkenen, unterirdisch fortgeführten und hier an die Oberfläche durchgebrochenen Baustils, getarnt von einem aus allen Kunstrichtungen zusammengestohlenen Dekor, die Archaik des kommenden Jahrtausends.

6. Straße

Wenige Schritte, und man betritt den großen Gegensatz. Von einem architektonischen Koloß aus schwarzem mattiertem Stahl, der das Licht absorbiert, einsaugt (um auch das in seinen unterirdischen Tresoren zu Gold einzudicken), der First National City Bank also, geht man in einen anderen geschichtlichen

Zustand über, indem man die Straße kreuzt und vor dem Bankeingang zwei in dauernder Letalität begriffene Bäumchen in schwarzen quadratischen Stahlsockeln, gefüllt mit fahlem Kies, schwarz und konstruktivistisch eingerahmt (insgesamt ein Symbol von hoher Qualität), hinter sich zurückläßt und es gleichzeitig als Schlüssel mitnimmt in die 6. Straße.

Die »schlechte« Straße, wie sie genannt wird. Ein Erzeugnis des ausgehenden neunzehnten Jahrhunderts, in bunte, doch gebrochene Farben getaucht, einstöckig alles, verkommen, verschmutzt, berüchtigt und auf jedem Meter ein Anschauungsobjekt. Schwarze Leute dominieren wie auch Chicanos, amerikanische Mexikaner, die größte Minderheit, denn Texas (wie New Mexico und selbst Kalifornien) war einst mexikanisches Gebiet, bis die Union in einem selbstinszenierten Blitzkrieg den südlichen Nachbarn schlug und dem Sternenbanner drei Sterne hinzufügte.

6. Straße bedeutet: mehr Läden von Geldverleihern, die Löhne bevorschussen, als andernorts; bedeutet Pornokinos und Pornoshops, for adults only, welchselbe die hochglanzgedruckte Katze im Zellophansack kaufen müssen, den sie innerhalb des Ladens und vorm Bezahlen nicht entsiegeln dürfen; bedeutet mehr Kneipen, offen zum Gehsteig, drinnen Halbdunkel, Gestalten um Tische, gestikulierend oder völlig reglos, wie zwei oder drei alte schwarze Männer, Nachkommen von Sklaven, die nicht zu verlieren Texas aus der Union wieder austrat und die es doch mit dem Bürgerkrieg zusammen verlor. Entschiedenste Gegner der Sklaverei waren übrigens die deutschen Siedler, von denen Ortschaften wie Weimar, Fredericksburg, New Braunfels künden, welch letztere durch eine gewaltige Tafel am Highway in deutscher Sprache und Frakturschrift sich preist: »In New Braunfels ist das Leben schön!« Wer's nicht glaubt, fahre vorbei.

Ramschläden für Kleidung und Möbel. Ein Laden mit gebrauchten und regenerierten Autoersatzteilen. Wäschereien, Reinigungsanstalten. Keine Fassade ohne Schrift, entweder direkt auf rot oder grün oder sonstwie gefärbte Ziegel gemalt oder auf schmalen rechteckigen Schildern bis zum Dach, manchmal noch höher, und es mit verbalen Verlockungen überragend: GAGE FURNITURE! USED CARS! ALL NUDE! Auf Daguerreotypien oder Stahlstichen aus den amerikanischen Gründerjahren hat man solche Straßenzüge gesehen, von Pferdewagen durchzogen, von Berittenen überquert – hier nun befindet sich der

Archetyp dieser Straßen und sie alle mit ihm im Endstadium. Sie ähneln dem Kram in Höhlen, die – etwas hochtrabend mit »Antique Shop« geschildert – Relikte vergangener, vergehender Zivilisation feilhalten: Gläser mit eingeätztem Shirley-Temple-Porträt, Flaschen in Autoform, das Goldene Tor von San Francisco auf Wandtellern, gußeisernes Kinderspielzeug, indianische Baumrindenbilder, alte Telefone, alte Schreibmaschinen, alte Staubsauger, Sparbüchsen, Schaukelstühle, das als Wandschmuck verarbeitete Doppelgehörn des Longhorn-Rindes, des texanischen Wappentiers, und nicht zuletzt: den Inhaber selber. Die kubischen Betonformen sind überall auf dem Vormarsch, irgendwann versinkt die heruntergekommene Sixth Street im Nichts, ihre Einwohner werden weggestorben oder weggezogen sein, und hier wird uns eines Tages kein schwarzer Trödler mehr von seinem Freund an der Humboldt-Universität erzählen, den wir doch grüßen möchten, weil die Welt zwar kein Dorf ist, aber voller ungeahnter Möglichkeiten, die an unerwarteten Schnittpunkten sich verwirklichen.

Das »wahre Amerika« – in welcher Straße dieser Stadt wohnt es? Auf der breiten und kommerziellen Congress Avenue, in stillen Seitengassen »besserer« Gegenden, wo sich zaun- und einfassungslose Vorgärten, immergrüne Rasenflächen vor modernen (oder altertümlichen) Villen bis zum Bürgersteig erstrecken, oder zwischen den ebenfalls grünumringten Häuschen der separiert wohnenden Minoritäten? Das wahre Amerika (was ist Wahrheit ...), das eigentliche oder was wir zumindest dafür halten, ist ein Bild, das zerfließt, um ein neues Bild zu entbergen, das seinerseits ebenfalls weder Dauer noch Gültigkeit annimmt. Das Amerikanische, begriffen als Essenz, macht sich immer beiläufig bemerkbar, ist etwas Atmosphärisches, das einen umgibt, ohne daß man es exakt definieren könnte. Man meint nur die Stellen zu kennen, wo es anwesend ist. Eine ist die 6. Straße, in der manche Bürger Austins, ihrer eignen Bekundung zufolge, noch niemals im Leben gewesen sind.

Aus dem Haus und nach links. Eine altertümliche Villa, gerade in Restauration, giebelreich wie aus einem Roman von Nathanael Hawthorne. Schwarze Maurer setzen eine kleine Steinmauer. Der Transporter steht auf dem Bürgersteig. Das Funkgerät summt: es wird wohl noch Kies benötigt.

Dann: ein Studentenklub. Dann: eine Snackbar; durch die Wand aus Glas sehen kauende Gestalten die Vorbeigehenden an, ohne sie wahrzunehmen. Und schon ist die Ecke erreicht: 19. Straße, Ecke Lavaca. Nach links rollen die Autos in Richtung Colorado, zum felsgefaßten Fluß, nach rechts zum Expressway, der außerhalb der Stadt zum Highway wird, auf dem wir demnächst San Antonio erreichen. San Marcos, Houston, Corpus Christi, Brownsville, Padre Island, Louisiana und in diesem Bundesstaat New Orleans: musikalische Namen beginnen drei oder vier Blocks weiter.

Grün: jetzt rasch über die Kreuzung; im Blickfeld des Uhrturms, den jüngere und zweifelhafte Publizität behaftet. Vor ihm jedoch liegt Sam Slaughter im oder auf dem Weg: er heißt bloß »Schlächter«, betitelt mit seinem Namen einen mittleren Supermarkt, in dem aber doch eine Fleischabteilung besteht: geleitet von Mister Baker, voller Fältchen vor lauter Freundlichkeit, sonnenverbrannt, bebrillt, obendrauf ein weißes Käppi, aus dem Munde ein »Hi!«, in der Hand, nein, beiden Händen einen der zentralen Glaubensgegenstände jedes wahren Amerikaners: ein T-Bone-Steak. Es zu verzehren bedeutet mehr als nur Nahrungsaufnahme; eine dem Esser unbewußte weltliche Unio mystica ist dabei unabweislich.

Dann: Speedway-Barbershop. Haarschnitt: zwei Dollar, und das ist billig; im Gegensatz zu europäischen Friseuren setzen die transatlantischen stets ihre Kunden mit dem Rücken, nicht mit dem Gesicht zum Spiegel, zu Spülbecken und Ablageflächen: man schaut durchs Schaufenster ins mehr oder weniger Weite statt dem Meister auf die Finger: eines der banalen Rätsel, das uns keiner klärt.

Dann: durch ein Gäßchen voller Weggeworfenem und stehender, stehengebliebener Hitze. Aus zu kurzen Garagen ragen sperrige Autohecks. Ein abbruchreifes Holzhaus aus dem Laubsägekasten, auf der Veranda ein verlassener Schaukelstuhl mit Aussicht auf eine leere Betonwand. Der Weg nennt sich »Whitis«, kreuzt die 20. und die 21. Straße, ehe er vor dem Campus im Campus aufgeht: The University of Texas at Austin, vierzigtausend Studenten, zirka zehntausend Professoren, das eigentliche Zentrum der Stadt, in der Mitte der erwähnte Uhrturm, von dem herab vor Jahren jener unglückselige Mensch mehrere Studenten erschoß.

Da man auf den Campus zugeht, kehren die verwischten Fernsehbilder von jenem Ereignis zurück; genau hier hockten hemdsärmlige Polizisten in Deckung hinter Autos und feuerten zurück. Und das Motiv des Psychopathen? Achselzucken ist auch eine Antwort, freilich unbefriedigend.

Die 21. Straße ist eine Grenze, unsichtbar, denn erst nachdem man an einem Brunnen mit geflügelter Nike, Kriegern, allerlei fabulösem Getier, alles zum Gedenken der Gefallenen des Ersten Weltkrieges errichtet, vorbeigestiegen ist und über sanfte Stufen auf das erhöhte Gelände, merkt man, daß man mehr als Räume gewechselt hat: hier weht eine andere, sterile Luft. Realität kommt in ziemlicher Verdünnung vor. Ist das die Wirklichkeit gewordene »geistige Welt«?

Was von draußen durchdringt, wirkt gefiltert, für andere wohl: geläutert. Ein deutliches Schwächerwerden der sozialen Tentakel macht sich am eigenen Leibe bemerkbar. Man ist (im übertragenen Sinne und zwecks Erhaltung und Ausdehnung der metaphorischen Erläuterung) nur noch »Kopffüßler«. Vielleicht, weil ausschließlich die Lern- und Lehrfähigkeit gefordert und benötigt wird, schrumpft alles Sonstige am Individuum ein. Nur die Hunde der Studenten haben sich ihr Hundetum bewahrt; sie ruhen auf den Rasenflächen, suchen streunend ihre Herren, bedürfen manchmal eines Streichelns, das ihnen von dem oder jenem aus der lockeren, ständig bewegten (und ständig vorhandenen) Studentenmenge zukommt, und – wird die Hitze zu groß – ziehen sich auf die kühlenden Terrazzoböden innerhalb der klimatisierten Gebäude zurück, obwohl es ihnen (Blindenhunde ausgenommen) per Anschlag an allen Türen untersagt ist. Aber gegenüber den Tieren der Sehenden »drückt man ein Auge zu«. Man steigt über sie hinweg, die hechelnd den Kopf heben, schwach mit der Rute den Boden klopfen und sich enttäuscht in Lethargie zurücksinken lassen: wiederum bloß ein Fremder. Weniger distanziert als sie: Jesus-People, Handzettel verteilend und jedermann versichernd: Danke Gott – Jesus liebt dich!

Wohl zum Ausgleich für das von der Abstraktion Angefressene ist die Anzahl hübscher Mädchen verfünffacht worden: Bücher und Hefte unter der rechten, meist voll oder voller entwickelten Brust, manchmal den Lehrstoffpacken mit beiden Armen vor Magen und Bauch gepreßt, in inniger Umarmung sich die Weisheit einverleibend, kommen sie daher. In affektierter Tonlage, mit »Katzenstimmen«, wie jemand sagte, rufen sie sich über die Köpfe hinweg Nichtigkeiten zu, so als wäre jede eine erfreuliche Sensation. Übereinstimmend mit dem Prozentsatz der Hübschen ist gleichzeitig jener der Dicken erhöht worden. Doch die fetten Mädchen sind kein Vorrecht der University of Texas at Austin, sie sind eine amerikanische Naturerscheinung, begleitet von fetten jungen Männern, denen die Gürtelschnalle knapp überm Schambein sitzt und von denen die Presse in einer Balkenüberschrift verkündet, sie seien »overweight and undersexed«. Bluejeans und eine Art kurzes Kinderkleidchen mit Puffärmeln und Rüschen stellen die Uniform der Mädchen dar. Oft ist das Kinderkleid auch durch etwas Folkloristisches ersetzt oder durch ein einfaches T-Shirt, meist mit einem gerade aktuellen Aufdruck wie: »The devil made me do it!« Steigt das Schwergewicht der Dame, ist ihr Umfang von einem geradezu erstaunlichen Umfang, dann werden die Jeans radikal gekappt und als ausgefranste Shorts getragen, und nicht nur auf dem Campus. Schwarze Ladies, weiße Großmütter, sie präsentieren ihre mächtigen Massen, kaum vom Leinen der Resthosen zusammengehalten, einer blicklosen Öffentlichkeit, die an alles gewöhnt ist, alles gesehen hat, alles toleriert, weil sie alles ignoriert.

Batts Hall ist erreicht, unter dessen Dach das spanische, das französische, das skandinavische und das deutsche Department koexistieren und diesen Umstand Mister Batts verdanken, seinen Millionen, und der nun als Denkmal mit Mantel und Zylinder neben seiner Spende in der tropischen Sonne stehen und zusehen darf, wie der Gastprofessor aus einem höchst exotischen Lande namens Dschihdiearr durch seine Anwesenheit demonstriert, daß in seiner Heimat die Leute nicht den Beschreibungen des Tacitus oder des ›Christian Science Monitor‹ gleichen, sondern Leute wie alle Leute sind.

Highways

Betonbänder in alle Richtungen: durch Prärien und Wüsten, durch Bayous, über Flüsse und Seen und Canyons und Berge, von Drahtzäunen begleitet, zum Schutze der Autofahrer vor dem Wild oder des Wildes vor den Autofahrern – das ist Interpretationssache. Auf der gegossenen rauhen Fläche der Anschauungsunterricht, daß Tiere nichts lernen; in Westtexas große Blutlachen und zerfetzte Rehrümpfe, im Osten das plattgefahrene Schwarzweiß der Waschbären, die Panzer toter Armadillos, der Gürteltiere, beweisen eine gewisse Unvereinbarkeit von Fauna und Straßenverkehr. Gäbe es eine Statistik über den Tiertod auf dem Highway, dem Urmodell der »Reichsautobahn«, etwa welche Anzahl welcher Gattungen auf einen Kilometer jährlich überfahren werden, so ließe sich ausrechnen, wann bestimmte Arten ausgestorben sind.

Betonbänder: allein in Texas in einer Länge von einhundertzwölftausend Kilometern; sie haben die Schienen abgelöst. Sensation: wenn, da man zufällig parallel zu einem Gleiskörper fährt, einmal ein Güterzug aus der Landschaft auftaucht; Personenzüge sind ohnehin so gut wie eingestellt, und daß früher einmal ein Zug in der Woche nach Mexico City abging, erinnern nur ältere Texaner – wie bei uns Greise, denen wir schon nicht mehr ganz glauben, da sie von ihren Ausflügen mit der Pferdebahn berichten.

Zuerst tauchen sie vereinzelt in der Landschaft auf, Reklametafeln in Zimmerwandformat (aber Altbau) rechts und links jenen Streifens, auf dem man nur im Notfall parken darf. Frühe Anzeichen, daß die Stadt, irgendeine, nahe ist. Sie empfängt die sich verdichtenden Wagenkolonnen mit kommerziellen Ausläufern, durch das Improvisierte und Provisorische ihres Aussehens unwirklich wie das nicht angekündigte Erscheinen eines Jahrmarktes vor den Toren. Gigantengesichter, rosig und bräunlich und gesund, lächeln, weil ihnen das »Lone-Star-Bier« mundet, weil sie mit PANAM den großen Flug machen, bei »Datsun« mehr Auto fürs gleiche Geld erhalten und statt ebendieses Geldes beim Einkauf die Kreditkarte benutzen: mächtige Ausrufezeichen, lebensgroße Fragezeichen. Hast du schon, tu es, tu es bald, warte nicht, warum warten, bleib dabei, tu dir selbst einen Gefallen.

Die Muschel von Shell, der Stern von Texaco, der rote Kreis von Gulf, alle auf runden Eisenbeinen, hoch wie der Koloß von Rhodos und zum gleichen Zweck errichtet, leiten Tag und Nacht die Reisenden zu den Häfen der Tankstellen, Servicestationen, Kaffeestuben, Motor Inns. Schlangenfarmen versprechen die »größte Schlange der Welt«. Unterirdische Höhlen laden mit zweidimensionalen Mammuten, keulenschwingenden Neandertalern, gefährlich aufgereckten Pappsauriern zum Besuch ein: Rundfahrt mit Elektrozug, denn wo ein Fußgang droht, stoppt niemand. Bar-B-Q-Schuppen treten an den Highwayrand und senden Grillrauch aus und übersteigern sich in dem Angebot von Burgern: Hamburger, Cheeseburger, Fishburger und als Gipfel: Chiefburger. (Ob zwischen den wattigen Brötchenhälften tatsächlich etwas vom Chef untergebracht ist, versuche der anthropophagisch erfahrene Gast herauszukriegen.)

Flachbau neben Flachbau, weit überragt von der Ankündigung seines Inhalts, Buchstaben, Symbolen, Fabrikmarken, oft an nacktem Gestänge, so daß der Unterbau, die Räumlichkeit, zum bloßen Sockel für das Zeichen wird. Eine bunter und dichter und seltsamer werdende Perspektive, von der kein Ende abzusehen ist. Ob sich der schmunzelnde Maharadscha (vom Ramada Inn), die Hand erhoben, eine Verneigung andeutend: »Hier – Swimmingpool, Minigolf, Farbfernsehen!«, mit dem kniebehosten lampentragenden Diener (vom Holiday Inn – World's Innkeeper) oder dem stilisierten Reiter mit Gauchohut (La Quinta Motor Inns) in der Unendlichkeit trifft, zumindest in der eines einziges Konzerns, ist nicht auszuschließen: eine optische Synthese aus den drei Figuren richtet sich am Horizont einer kaum noch fernen Zukunft auf: ein reitender, kniehosentragender Inder, eine Art King-Kong des Hotelgewerbes.

Es erscheinen die »Safeways«, monströse Einkaufszentren für Lebensmittel und Haushaltsbedarf, eine kontinentweite Kette, werbend mit dem Slogan: »The people's to people store«, in denen weder die Registrierkassen noch die Kunden zum Stillstehen kommen. Auf ihren Parkplätzen stauen sich die Wagen, an die man aus dem Laden heraus mit der Einkaufskarre fährt, denn: wer hier eintritt, eine Kleinigkeit zu erstehen, findet sich mit gefüllter Karre vor seinem Kofferraum wieder, erwacht aus partieller Bewußtlosigkeit nach dem Zusammenstoß mit dem Überfluß.

Taverns und Pizzerias und Steak-Häuser reihen sich dicht,

dazwischen Unterhaltungsbuden mit Strip-tease, Massagebäder, original japanisch und für Herren, Academy Surplus voller Zeug aus Taiwan, Hongkong, Japan und anderen Randzentren unseres Imperiums. Brüchiges Holz, eines neuen Anstriches bedürftig, neben frisch entschaltem Beton. Undurchsichtige Scheiben, Denkmal vieler Spinnengenerationen, neben aluminiumgerahmten Spiegelgläsern, dahinter in Hemdsärmeln dinierende Gestalten. Verfall und Modernität. Vorgestern und Übermorgen einander unverhofft berührend: Brüche anstelle von Kontinuität, und die Bruchstellen liegen offen zutage. An jeder Ecke rote Pilze: Hydranten, weil täglich Brände neuen Platz schaffen. Kabel von Schuppen zu Schuppen, von Werkstatt zu Silo, vom Silo zum Lichtmast, vom Lichtmast zur Leuchtreklame, hin und her gewoben und verflochten über dem Highway: spät kommen nun auch Verkehrsampeln hinzu. Offene Verteilerkästen machen den Eindruck, als seien sie noch nicht fertig installiert oder würden gerade abgebaut. Autowracks. Schrotthändler. Plätze voller Gebrauchtwagen, farbig überwimpelt, abends grell mit bunten Birnen illuminiert wie ein Zirkuszelt. Mobilhomes in allen Altersstadien und Preisklassen, bewohnt von Unsichtbaren oder von vor ihrem Fernseher längst mumifizierten Leuten. Antiquitätenhändler, eher bessere Trödler, stellen lackierte Holzindianer, aus einem Baumstamm gehauen, vor die Einfahrt. Möbel im »spanischen Stil«, die längst nicht mehr aus Holz sind. (Holz ist so kostbar, daß, wer ein altes Haus abreißt, für das Holz mehr erzielt als für das intakte Gebäude). Obstzelte, vor denen in Körben sich vielförmig jenes Lebenselixier häuft, dem jeder Amerikaner eine fast magische Wirkung zuschreibt: Weitehminssih (Vitamin C).

Verborgen hinter dem Ring ökonomischer Hypertrophie, verbirgt sich die Stadt selber, und erst nach dem Durchstoßen der rummelhaften Barriere steigen endlich, endlich am zugebauten Horizont die Spitzen, die obersten Stockwerke der Wolkenkratzer auf, eine ferne Verheißung, leicht und luftig, während die kraß heterogenen Straßenranderscheinungen, bisher von optischer Roheit, nun diskret vom Highway zurücktreten. Wie häßlich und zufällig, zu reinem Zweckdienst gezeugt, diese Ansammlungen uns zu seiten auch erscheinen, sie sind Ausläufer wie Vorläufer der Stadt, die ihre Masse und Massivität langsam nachschiebt, Wellblechschuppen aufsaugt und als Banken wieder abgibt, Würstchenstände zu Apartmenttürmen verwandelt und den Highway, den Freeway, zu einem innerstädtischen Expressway macht.

Der Highway bewirkt etwas wie eine interurbane Osmose: an seinem Betonstrang, ihn umschließend, wuchern die Großsiedeleien aufeinander zu. Bis dahin jedoch darf man aus der »echten« Landschaft durch die künstliche der Vororte fahren, über eine Straße, die immer und überall dieselbe ist und doch auch immer anders, wie ein Traum, der sich wiederholt, aber niemals gleicht, zwar dieselben Versatzstücke benutzt, doch stets in veränderter Kombination.

Lions Country Safari Park

Büffel, Giraffen, Zebras, Antilopen, Strauße, Elefanten, Nashörner, Löwen: Import aus der Serengeti oder überzählige Bewohner zoologischer Gärten, versammelt auf einem Flecken der Landkarte namens Grand Prairie, südlich vom Turnpike zwischen Dallas und Fort Worth, wo die Geographie afrikanische Züge hervorkehrt, möglicherweise nur eine erwartete Hervorkehrung, Erfüllung des Erwartungsschemas, gefördert von der tropischen Temperatur des Tages, an welchem wir auf frisch geschütteter Trasse, gewunden wie ein Thomas-Mannscher Satz, der vor seinem eigenen Schluß, ihn verzögernd, zurückscheut, im zweiten Gang durch das Grün hinschlichen, durch die Hitze, verschärft durch den Zwang, alle Wagenfenster geschlossen zu halten: Anordnung der Parkwächter und Türhüter, damit nicht ein Elefantenrüssel, eine Löwentatze den Inhalt der langsam rollenden Blechbehälter auf seine Bekömmlichkeit prüfe; wir sind in die Thermobox eingesperrt und die Tiere in Freiheit, einer relativen, begrenzt von der eignen Trägheit, die von der Verwaltung großzügig gefördert wird. Hier ist man als Löwe eben dauernd gesättigt und durch die Wachsamkeit überall postierter Pfleger und durch hohe Maschendrahtzäune vom Mittier einer anderen, eßbaren Spezies geschieden.

Breitnasige Katzengesichter heben sich kaum; alle vier Pfoten weit ausgestreckt, den träumenden Schädel auf dem Hordenbruder, ignoriert der König der Tiere das endlose Defilee jener Schöpfung, in der die Schöpfung bekanntlich kulminiert, aber den Zweifel daran liest man leicht aus den gelben blinzelnden Pupillen ab: unerreichbares Fleisch unbekannter Qualität in verschiedenartigen Büchsen zieht an den witternden Nüstern vorüber.

Kleinere Elefanten wenden den Betrachtern den Rücken zu, ein wäßriges und nichtssagendes Auge zeigt sich und verschwindet. Dem Nashornblick unterstellen wir Bösartigkeit, denn wir messen und wägen und beurteilen alles nach dem Maß aller Dinge, für das wir uns halten: wer im Tierreich uns ähnelt, sei in Gnaden in unser Herz aufgenommen.

Vor einem Gittertor zu einer anderen Gattung versperrt ein hochgewachsener Strauß uns die Einfahrt. Bremsen unserer-, Halsrecken seinerseits, Verbeugung, der harte Schnabel knallt gegen den Kofferraum, maschinengewehrartig, unaufhörlich, ein Mißverständnis liegt vor oder bahnt sich an, Serien erneuter Schläge, das Blech dröhnt, hat er was gegen Volkswagen, ein patriotischer Vogel aus einer Voliere von Ford oder General Motors, oder stört ihn die Farbe, hat ein Reflex auf dem Lack ihn erbost – uns bleibt nur der Rückwärtsgang, vorsichtig Raddrehung um Raddrehung zurück: von hoch droben aus dem entenähnlichen Profil starrt ein rundes Auge »triumphierend« auf uns nieder, während wir sacht in einem Bogen ihn umkurven, durchs Tor fahren und er uns nachblickt wie jemand, der seinen Willen durchgesetzt, aber damit gar nichts erreicht hat.

Bei den Wachsfiguren in Texas

Eine schnurrbärtige Leiche im Vordergrund, die Hand um den Colt gekrampft. Vor ihr bricht jemand unaufhörlich zusammen, zu Tode getroffen, die Arme schlaff, die Knie eingeknickt, ein Blutstrom fließt hinter dem linken, dem zahlenden Publikum zugewandten Ohr vor. Weiter im Hintergrund am Zaun einer Pferdekoppel liegt einer, den Revolver im Anschlag, sterbend oder Getroffenheit nur simulierend, wer will das entscheiden. Drei andre Gestalten, teils mit Zylinder, teils grauer Melone, zeichnen mit erhobenen Pistolen für das Ereignis verantwortlich: die Herren Wyatt, Morgan und Virgile Earp, die Sheriff-Brüder. Der Schauplatz: Tombstone, Arizona, am 26. Oktober 1881; die Substanz ihrer unbewegten Erscheinung: Wachs; und der Ort: The Southwestern Historical Wax Museum im State Fair Park at Dallas, Texas.

Über hundert solcher Figuren, erstarrt in der Hauptaktion ihres Lebens, die manchmal im Sterben bestand, ausgestellt in direkt beleuchteten Schaukästen, durch Alarm auslösende Infrarotbarrieren geschützt, führen den Besucher in die örtliche Geschichte ein, und wenn nicht in die Geschichte, dann doch in das gegenwärtige Geschichtsbewußtsein, dem zufolge die Geschichte erscheint wie ein Wachsfigurenkabinett: statuarisch und pathetisch geformt. Obwohl General Douglas McArthur besorgt dreinschaut, Dwight D. Eisenhower würdevoll darüber hinwegsieht und andere Schauspieler, wie Caroll Burnett (das Original agiert noch im Fernsehen) oder Joan Crawford (Schwarm unserer Väter), mit Heiterkeit oder Augenaufschlag die Tatsache überspielen, so bleibt diese doch bis in die letzte Ecke sichtbar: hiesige Historie tritt hauptsächlich unter einem Aspekt auf: dem kriminologischen.

Am Anfang der Texas-Saga steht Jean Laffite, Seeräuber, mit Hauptquartier auf Galveston Island im Golf von Mexiko, unerwünschter Teilhaber am spanischen Überseegeschäft; am Ende (bis zu welchem noch manche Szenerien, bekannte und weniger bekannte, in diesem düsteren, wie mit schwarzem Samt ausgeschlagenen Labyrinth zu passieren sind) lehnt Lee Harvey Oswald aus dem Fenster, Gewehr im Anschlag, in der Nebenkabine sein Opfer, wächsern grimassierend, als trüge noch die Maske eine Ahnung der möglichen Ahnung des in den Hinterkopf geschossenen Modells. Dafür hat LBJ, Hauptproduzent des nationalen Festbratens, der Truthähne, seine Miene in besorgte und verantwortungsbewußte Falten legen lassen, da er, eine Hand auf der Bibel, die andere erhoben, vom Vize zum Präsidenten aufrückte, mit Gottes und wer weiß wessen Hilfe; neben ihm »Ladybird« Johnson und die Dame, welche die Bibel reicht, tragen, so meldet ein Schild, beider Damen Originalgewänder, gestiftet zur Erhöhung der Echtheit dieses authentischen Augenblicks.

Zwischen den zeitlich fernen und uns noch nahen Figuren begegnet man Todeskandidaten wie Bonnie und Clyde, dem

Gangsterpärchen: sie zeigt ihm die Flinte mit abgesägtem Lauf und Kolben, er läßt aus dem guten Blauen den Pistolengriff lugen. Daneben: ihr Fluchtauto, im Mai 1934 von Maschinengewehrgarben perforiert. Ferner: unmotorisierte und motorisierte Leichenwagen: ein Buick aus den zwanziger Jahren, der Aufbau den klassischen Totentransportern des zieratsüchtigen neunzehnten Jahrhunderts nachempfunden; Säulchen, kranzumschlungene Urnen, Bordüren, Kordeln, alles in Halbrelief, das und die erhöhten Partien des geschwungenen Baldachins sind weiß lackiert auf taubenblauem Grund, ein berädertes Stück Wedgewood-Porzellan, angekauft für fünftausend Dollar, heute bereits (meint stolz ein Hinweis) das Doppelte wert.

Wer nicht in die wächserne Unsterblichkeit einging, den deckt möglicherweise die Erde des alten Friedhofes von Tombstone, auch er eine Kopie, eingezäunt, echter Sand, Holzkreuze, Grabsteine, künstliche Verwitterungsspuren zeigendes Plastikmaterial, mitten im Zentrum des Bauwerkes, Stätte schwarzen Humors. »Hier ruht John Miller, irrtümlich gehängt« oder »James Smith – er war beim Ziehen zu langsam«. Von diesem befremdenden Sinn fürs Marktschreierische, immer ein wenig Übertriebene, für das manchmal die Grenze des Geschmacks ignorierende »Show«-Bedürfnis scheint keine amerikanische Selbstdarstellung frei, und noch im seriösen Smithsonian-Institut in Washington stoßen einem Spurenelemente davon auf. Doch hier genügt ein Blick in die »Kammer der Schrecken«, in eine reguläre Scheune, Vollzugsort einer Lynchung in Ada, Oklahoma, am 19. April 1909. Man umrundet die Bretterwände, die Fensterläden stehen einen Spalt breit offen und sind in dieser Stellung arretiert. Unter jedem Spalt ein Schalter, der drinnen das Licht aufflammen läßt: da baumeln vier Erhängte von den Deckenbalken; unter ihnen pickt ein Huhn; drüben in der Ecke ein Nest voller Eier. Die Henkersknoten sind jeweils sachkundig unter dem linken Ohr des jeweils Erhängten placiert.

Diese Szenerie kennen wir von den Fotos aus der deutschen Vergangenheit, und die ist auch das erste, was uns bei dem Anblick einfällt. Und wir sind uns keineswegs mehr sicher, ob nicht unter Umständen in einem Wachsfigurenmuseum des einundzwanzigsten Jahrhunderts die Schrecken des unseren zu Ausstellungsobjekten werden. Der »Schauwert« – einer der Wertbegriffe des Kommerzialismus – vergegenständlicht sein Schaustück nicht nur, er verfälscht es gleichzeitig, indem er alles, was dem besagten »Wert« widerspricht oder abträglich sein könnte, beseitigt; gelehrt werden soll das (angenehme) Gruseln, und um das zu lernen, erscheint sogleich auf unseren Spuren eine Kinderschar, schwarz-weiß gemischt, geführt von der Lehrerin, gar: Kindergärtnerin, um in frühester Jugend eine Bewußtseinsprägung zu erfahren, der entsprechend Geschichte macht, wer zuerst schießt.

Auf der Postkarte mit den vier Gehängten, des Mordes nur Verdächtigten – deren Schuld oder Nichtschuld, weil unanschaulich, nicht erwähnt wird – liest man den Aufdruck: WISH YOU WERE HERE! Ich wünschte, du wärst dabei. Ein »frommer« Wunsch, aus dem tiefsten Abgrund der Unschuld heraus gesprochen.

Padre Island

Sonne und Sand: zwischen beiden zu liegen, auszuruhen, erwünscht; mehr: ersehnt. Sonne steht auch über Austin zur Verfügung, brennt auch auf die Felsenberge rund um die Stadt, auf Zwergzedern und graues Gehölz von wahrhaft feuergefährlichem Aussehen; am Colorado, den man in wie außerhalb der Stadt trifft, gibt es kaum Strand, keinen Sand, nur abschüssige Felswände, zwischen denen zahllose Motorboote das Wasser verpesten und die urtümliche Stille zerlärmen. Also: auf nach Padre Island im Golf von Mexiko, der größten und südlichsten Insel der Vereinigten Staaten: Strandlänge hundertsiebzig Kilometer – das reicht für zwei Personen. (Der ersten Einstimmung in die veränderten geschichtlichen Relationen des Landes ist nach kurzem die Gewöhnung an seine Weite gefolgt, so daß ein Wochenendausflug wie der nach Padre Island, hin und zurück eintausendeinhundertzwanzig Kilometer, als nichts Besonderes gilt.) Abfahrt also Richtung Südost über San Marcos, New Braunfels, San Antonio, Pleasanton, Mathis, Corpus Christi, Kingsville, Raymondville, Harlingen, San Benito bis zu einer Stadt, die – bekanntes Schicksal – zwischen zwei Staaten geteilt ist. Unsre Hälfte heißt Brownsville, die jenseitige Matamoros, beide verbunden oder getrennt von einer Zollbrücke über den Rio Grande, Grenzfluß vom Golf bis El Paso, dem südlichsten amerikanischen Ort, zwölfhundertachtzig Kilometer von hier, wo der Strom nach Norden, nach New Mexico, abbiegt und wo wir in vierzehn Tagen oder drei Wochen das gleiche zähfließende lehmige Wasser wiedersehen werden.

Brownsville ist nicht das Wegende: hier wird der Kofferraum des lauffreudigen Käfers (Schleichwerbung!) nordwärts gerichtet: Fächerpalmen fächern schlaff über uns hin; die erwartete Brise trifft ein: Port Isabel, der Leuchtturm ein Museum, verwaltet von einem alten Mann: wir verlangen eine Landkarte – vom Touristenbüro gedruckt und vertrieben – mit den vermutlichen Stellen versunkener portugiesischer Silber-Galeonen, doch der Alte meint indigniert und ernsthaft belehrend, wir müßten aber alles, was wir fänden, der Regierung abliefern! Und durch unser heiter-unseriöses Auftreten von der Unlauterkeit schatzsucherischer Absichten solcher Ausländer überzeugt, tut er, als wäre diese Schatzkarte unter seinen Druckerzeugnissen nicht vorrätig. Aber die wirklichen Schätze nehmen wir ohne nach Kollege Heines Methode als Konterbande in unseren Köpfen mit, sobald wir erst einmal angelangt sein werden, Port Isabel hinter uns haben und auch den Queen Isabella Causeway, einen modernen Pfahlbau über den Intracoastal Canal und die Laguna Madre bis hin zur Insel selber: »15272 Fuß für 3000000 Dollar!« verkündet die amerikanische Vorliebe für gegenständliche und pekuniäre Genauigkeit.

Motels, Wochenendhäuser, Souvenirläden, Restaurants, Wohnanhängerplätze, Werbung von Bodenmaklern, Hausverkäufern, Gesellschaften, die rechts und links der schnurgeraden Betonstraße Hotels, schlimmer: ganze Erholungszentren, moderne Nekropolen, nur für wenige Monate im Jahr belebt, zu bauen androhen. Weiter nordwärts auf dem leeren Band, das und dessen gelber Mittelstreifen hinterm Horizont verschwinden, kein Ende abzusehen, werden die sandigen Seiten freier von Bebauung, bis nur noch die Dünenbuckel den Wagen begleiten. Unter manchen von ihnen, die bis zu fünfzig Fuß ansteigen, schlafen gestrandete Karavellen, um irgendwann und von Zeit zu Zeit zutage zu treten, entblößt von anhaltenden Stürmen.

Plötzlich vor der Frontscheibe zwei rote, sechseckige Stoppschilder: Schluß mit dem Fahren. Zu Fuß weiter durch die Dünen, bedeckt von schlangenähnlich aussehenden Bodengewächsen, etwas wie kriechende Lianen, ohne Anfang und Ende, ein verschlungenes Netz, das die windbewegte Gegend zusammenhält. Hartes scharfes Gras. Dann: der Strand, sechzig, siebzig Meter breit, einsam, zögernd bespült von den Wellen des Golfs oder der Karibischen See oder des Atlantik, dem jeweiligen Betrachterwunsch entsprechend. Jeder Schritt stört Mengen sandfarbner Krabben auf, panisches Flüchten im Seitwärtsgang, Populationen verschwinden in Sandlöchern und machen sich unsichtbar. Wenige Seevögel. Ein halbverfaulter fremdartiger Fisch erwartet seine völlige Skelettierung. Austernschalen, Muschelhälften: etwas zum Sammeln. Flache weiße runde Kalkkörper, der allgegenwärtigen Assoziation halber »Sand-Dollar« genannt: die kauft man leichter im Souvenirladen, obwohl einem dort der Verdacht kommt, diese Masse in Schaukästen und gläsernen Ladentischen möchte nicht mehr Originalprodukt kalkabsondernder Geschöpfe Gottes, sondern fabrikmäßiges Erzeugnis im Zeitalter der Reproduzierbarkeit sein. (Gedenke des Kunstrasens, des immergrünen, und der Topfpflanze aus Plastik, ewig blühend neben dem Fahrstuhleingang vor unserm Apartment!) Echt ist das Treibholz, das Geäst, die Balken, der trockene Tang. Wie die einstmals hier lebenden Barrado-Indianer wandern wir am Wasser entlang, bis 1519 Señor Pineda landet und unsere Entdeckung die Einleitung für unsere »Endlösung« ist. Keine Hinterlassenschaft, keine antiken Bauten, keine Schrift, keine Relikte kultureller Art, nur Pfeilspitzen im Sand, der die Sohlen verbrennt, über dem die Hitze wellenförmig bewegte Glaswände aufrichtet, daß dahinter die Perspektive sich auflöst. Dreißig Minuten reichen aus für einen Sonnenbrand. (Zu Hause hätte man jetzt, Ende November, die obligate Grippe.)

Vorsicht vor dem Jelly Fish, unserer heimischen Qualle, in unheimischen Gewässern jedoch ziemlich giftig. Und abends nach dem Entkleiden entdeckt man prompt unter der Dusche im »Capri Motel on the Beach« auf seinem Brustkorb einen flammenden Ring, entzündete Haut, ein abgezirkeltes Mal, ein Souvenir für die nächsten sechs Wochen: Andenken an »The Border Tropics«.

Im Rechteck des Motels, zur nahen See und zur weiter entfernteren Straße offen, in Sesselchen, aus Metallröhren gebogen, mit Plastikbändern bespannt, sitzen wir vor dem Apartment (Kitchenette inklusive) im Schatten und neben dem Automaten mit Getränken, Zivilisationsmonument, aus dem, nach Einwurf von 25 Cent, eine Flasche rutscht, eiskalt, beschlagen, beperlt: nach dem omnipotenten Eiskrem die zweite Säule der Stomatologie. Gleich bringt uns unsere Nachbarin frischen Catfish, leicht erangelte Beute, wohin nur damit: man hört bewundernde Ausrufe über den Fang. Sie, Gäste wie wir und wie wir nicht, leben im oder am Swimmingpool, werfen für ein, zwei Stunden vom Fuß der hölzernen Moteltreppe die Leine ins Meer und scheuen ansonsten das Element, an dem sie hausen, seßhafte Nomaden, die uns hundertsiebzig Kilometer Strand zur alleinigen Benutzung überlassen. Wir, auch nicht mehr die Jüngsten, sind es doch zwischen diesen Pensionären oder Rentnern aus New York, Maine, Massachusetts und sonstwoher. Das Leben beginnt mit sechzig, nämlich, wenn die Ernte eingebracht ist, falls man eine einzubringen hat und die Tretmühle des Businesslebens übersteht. Freundliche Menschen, die ihr Leben darangesetzt, Krawatten an recht viele Hälse zu bringen oder heute längst verrottete Wagen unter ein Maximum an Ärschen. Unsere liebenswürdige Nachbarin, schon trägt sie den Fisch her, hat im Verlaufe ihrer irdischen Existenz 10000 Einwegflaschen weggeworfen und (statistisch exakt) 17500 Konservendosen verbraucht, und man sieht es ihr eigentlich nicht an. Ihr Mann hat 126 Tonnen Müll erzeugt, 35 Autoreifen verschlissen und 3 Automobile und ist unter solchem Tun grau und müde geworden. Nichts auf der Erde hat sich durch ihre Anwesenheit verändert oder wird das durch ihre baldige endgültige Abwesenheit getan haben werden. Unter einem Himmel, scheinbar doppelt so hoch wie in der Alten Welt, unter Gebilden von beträchtlicher Zartheit, deren unterschiedliche Färbung das Sinken der Sonne signalisiert, betrachten wir Fremde die uns Fremden, ob wir in ihnen uns vielleicht wiedererkennen, selber kaum herakleische Täter umwälzender Taten. Menschen brauchen alle Kraft zum Überleben, besonders in unserm Jahrhundert, so daß die mäßigen Reste ihrer Energie nur noch zum Angeln ausreichen oder – nach einem Flug um den halben Globus – sich in den Sand zu legen, auf dem wir trotz eifrigen Suchens keine Spur von Barrados, von Señor Pineda, von Eroberern und Eroberten entdecken können.

Apartmenthaus

Der Fahrstuhl hält. Ein langer, langer Gang, fensterlos, Tag und Nacht elektrisch erleuchtet: Gefängnis erster Klasse, Zelle 603: das Apartment in Austin.

Unsichtbare Mitbewohner: Geräusche unterschiedlichsten Herkommens. Nebenan zankt der spanische Nachbar mit seiner Frau. Vielleicht schlägt er sie auch. Sie weint sehr spanisch, oder doch so, wie man sich spanisches Weinen vorstellt: im Falsett. Auch die Klimaanlage hat eine Meinung, zwar nur zum Wetter, äußert sie aber hin und wieder. Nachts spricht sie aus dem Schlaf, aus der eingeborenen Bewußtlosigkeit der Technik, mit undeutlichen Artikulationen in die Schlaflosigkeit ihrer Benutzer hinein.

Hinter einer Wand – welcher, ist ungewiß – wird eine Geschirrspülmaschine in Betrieb genommen, Schwingungen breiten sich aus, konzentrisches Beben, rückgeworfen von den Betonplatten anderer Wände. Jetzt schreit die Spanierin auf, Empörung, Vorwurf, Leid in der Stimme, falls es nicht einfach Schimpfworte sind, was sie herausgellt.

Hat eben der Kühlschrank geraschelt?

Das Telefon klingelt, stell den Fernseher leise, die Polizeibrigade der »Rookies« hat die negative Bezugsfigur dieser Serie gestellt und schießt sich auf sie ein. Und wer heult dazwischen? Die Feuerwehr? Oder immer noch Señora von 604?

Es klopft, es kommt die Nachbarin, sie gibt im besten Berlinisch der zwanziger Jahre Einführungsunterricht in amerikanischer Lebensweise. Sie ist hilfsbereit. (»Den amerikanischen Kaffee können Sie doch nicht trinken, det is doch unjenießbar, nehmen mal erst 'ne richtige Kanne, Filter und Filterpapier, ich hab's Ihnen schon mitgebracht ...«) Sie verspricht, eßbares Brot zu beschaffen (aus Houston bringt es eine Freundin mit). Sie sieht aus wie Tante Hanni, sehr blond und sehr miniberockt, 1938 noch gerade über Shanghai dem Endlöser und seinem Hilfsvolk entkommen. Die Klimaanlage schweigt dazu. Mehrere Aufzüge laufen ganz fern und fast lautlos auf oder ab. Kreischen und Krachen: der wöchentliche Zusammenstoß ereignet sich an unserer Ecke, gleich erscheinen die echten Rookies in ihren Streifenwagen, weniger gut aussehend, weniger jung, es wird lange, lange verhandelt und lange, sehr lange ein Protokoll angefertigt, dies immerhin lautlos. Die Spanierin kreischt auf. Die Nachbarin klopft. Sie bringt eine Pfanne und den ›Aufbau‹, die deutschsprachige jüdische Zeitung New Yorks. Kein Presseerzeugnis der Welt enthält eine derartige Fülle von Notizen, Nachrichten und Berichten, die sich wie Abschlußmeldungen über Vorfälle lesen, welche sich vor vierzig, fünfzig Jahren ereigneten. Die Weimarer Republik führt auf diesen eng bedruckten Seiten ein eigenartiges Nachleben. Lauter Nachspiele, lauter Namen und Bezüge, für deren Verständnis die Zeitgenossenschaft oder zumindest das umfassende Studium der damaligen deutsch-jüdischen Kultursymbiose notwendig ist. Begeisterte Rezensionen über Gisela Mays Auftritt in New York; der Rezensent erinnert sich sogleich an das alte Schiffbauerdamm-Theater, an ›Schall und Rauch‹, an Lotte Lenja, Kurt Weill, Carola Neher, Rosa Valetti, Kurt Gerron, den Tiger-Brown der ›Drei-Groschen‹-Premiere, der in Theresienstadt den berüchtigten, doch alles entlarvenden und daher nie gezeigten Film ›Der Führer schenkt den Juden eine Stadt‹ gemacht und das gleiche Ende wie alle Mitwirkenden gefunden hatte – in jeder Druckzeile bildet sich die verlorene Zeit ab, ein tief eingeschnittenes Flußbett, längst wasserlos und nur noch die Erinnerung an einen mächtigen Strom. Entsprechung überall auffallender historischer Ungleichzeitigkeiten, in diesem Falle einer durch geschichtlichen Bruch und Emigration geschaffenen – aber wer in diesem Lande wäre nicht Emigrant?

»Mein Mann ist richtiger Amerikaner, er ist aber zum Judentum übergetreten, als wir geheiratet haben. Mein Sohn hat seine Einberufung in der Tasche. Er wird auf den Aleuten stationiert sein ... Gibt's am Alexanderplatz noch Flohkinos? Wir haben in der Palisadenstraße am Friedrichshain gewohnt ...«

Im Sopran meldet sich rhythmisches Jaulen: Streifenwagen oder Feuerwehr, ein atemloses, weithin vernehmbares Quieken, durchdringender als die abgeschafften Sirenen: wie verstärkt von den ansteigenden Felswänden rund um die Stadt und als wenn ganz Austin es hören müßte. Über dem Herd der mechanische Geruchs- und Rauchabsorber verhindert, was sagtest du eben, jedes Gespräch, knips ihn aus, wir könnten schließlich auch tun, was hier nur Ausländer fertigkriegen: das Fenster öffnen. Dann aber ißt man sein Steak mit Verkehrslärm und Hitzebeilage. Es klopft an die Tür. Irgendwo rauscht es, das ist nicht der Colorado. Jetzt dreht jemand den Badewannenhahn auf, Spanien begibt sich zu Wasser, das sind die Traditionen seit der Armada. Einschlafen fällt so schwer wie gleich wieder aufwachen ganz leicht.

Geräuschfelder, durchsetzt mit stillen Stellen, Partien von unerwarteter Lautlosigkeit, deren Bestand jedoch fraglich ist; hörbare Interferenzen, physikalische Phänomene, akustisch befremdend und doch bekannt, aber je länger man sie kennt, desto weniger gewöhnt man sich an sie.

Patriotische und andre Stunden

Von den vierundzwanzig Tagstunden, von denen wir die meisten an unterschiedliche, gar gegensätzliche Tätigkeiten wenden, Schlafen und Wachsein, Essen und Sprechen, Trinken und Phantasieren, Lesen und Schreiben, verbrauchen wir manche zu zweifelhaften Vergnügungen, leerer Betriebsamkeit, überflüssigen Aufwendungen, die aber letztlich doch nicht ganz so unsinnig sind, wie sie scheinen.

In einem fremden Lande, dessen Sprache man mittelmäßig beherrscht – guten Tag, bitte ein Steak, wie geht's, ein scheußliches Wetter, o ja, was gibt's Neues vom Kriegsschauplatz –, sieht man aus Lerngründen fern: gebannt vor bunten Bildern, die Ohren sperrangelweit offen, die Augen starr auf die Lippen nichtiger Typen gerichtet, versucht das Gehirn zu begreifen, was die Wortströme bedeuten. Redet dieser gespenstische Herr aus der ›Ghost hour‹, einer Serie parapsychologischer Motivation von Verbrechen, mystischer Schrecken und jenseitiger Rätsel, nun eigentlich (ins Deutsche übertragen) von seinem Weib oder Leib, doch schon ehe man sich entschied, erscheint hinter der nächsten Satzecke ein ganz unbekanntes Wort, das der lernwillige Zuschauer im Wörterbuch nachschlägt, aber der Film bleibt nicht stehen, und inzwischen kapiert man zwar das Wort, während man sich unbeabsichtigt den Sinn des Erschauten verdunkelt hat. Nach einiger Zeit nimmt immerhin das Verstehen zu. Die Stunden erweisen sich als Lektionen. Bis man meint, jedem mörderischen Dialog folgen zu können; bis zum (psychologisch erklärbaren) Moment, da die Gehörvorgänge verstopft und das Hirn abgestellt erscheinen: auf einmal versteht man nichts mehr. Ein Zustand, den die Zukunft heilt: bald darf man wieder begreifen, was man sieht, vorausgesetzt, man hält es nicht für unbegreiflich.

Eine solche Unbegreiflichkeit ergießt sich jeden Sonntagmorgen über das Land und nennt sich ›Patriotic hour‹: ein Ensemble junger und weniger junger Männer, frisch vom Friseur und frisch aus dem Bad, das Banjo (oder ein andres Instrument) auf dem Knie, posierend vorm gestreiften und besternten Hintergrund, die *guten alten* Lieder singend, This land is your land oder Give me the old time religion, hin und wieder durch einen säkularisierten Prediger unterbrochen, der uns an der Ehre packt, unsern Stolz stärkt, dazuzugehören, mitzumachen, einer von ihnen oder uns zu sein, frisch frisiert, frisch gewaschen, markig, hundertprozentig patriotisch. Musik mit Schmiß, talentierte Solisten, nicht das Schlechteste vom Schlechten, wie sonst explizit hervorgekehrter und dargebotener Nationalismus (gedenket der als Feldwebel verkleideten *Wilhelminischen* Chansonetten, der Kraft-durch-Freude-Maiden): unsere Jungs auf Kanal elf oder sieben oder dreiundzwanzig beherrschen ihr Handbeziehungsweise Mundwerk. Sie wirken aufs unheimlichste *durchdrungen* von ihrer Überzeugung, die so direkt, so unverhüllt und durch keinerlei Verbindlichkeit gemildert, im alten Europa kein Fernsehsender seinem Publikum zumuten dürfte. Es ist pure Bekenntnisfreude. Ein exhibitionistischer Zug ist unverkennbar, gepaart mit dem immer noch latenten Missionsglauben, auch Trotz spiegelt sich ab, ein Nun-grade, ein leicht manisches Insistieren, romantisch eingekleidet und ebenso verschwommen: This land is your land. Und seltsam: sogar außerhalb der Bildröhre zeigt sich das glaubhaft. Denn: nirgendwo sonst verkauft eine (selbstverständlich patriotische) Industrie Gebrauchsgegenstände oder einfach nur Gadgets, bedruckt, bestickt, beklebt, bemalt mit den nationalen Farben und Symbolen. Von Jeans mit den Streifen der Flagge bis zur Mütze mit den Sternen; bis zum Plastiktablett, darauf eine das berühmte V-Zeichen zeigende, aus dem Sternenbanner geschnittene Hand die Schnapsgläser trägt; bis zu den Aufklebern für Autos, mit denen man seiner Umwelt beweist, was für ein aufrechter Patriot man ist: *Love it or leave it!* Gemeint ist: Amerika, das entweder zu lieben oder zu verlassen jeder Nichtpatriot damit aufgefordert wird. Aber außer der imperativen Plattheit demonstriert es den offenkundigen, bei allen Patrioten üblichen

Mangel an Psychologie: man kann nämlich ein Land lieben und es doch nicht mögen, es hassen und nicht verlassen wollen; das ist das Schicksal aller Vaterländer, die es nötig haben, sich als solche zu präsentieren, und zwar zu jeder, keineswegs allein zu jener einzigen Stunde am Sonntagmorgen.

Kings Village

Jedes Erörtern will zur Unmöglichkeit ausarten, sobald der Gegenstand der Erörterung die eigene Person ist, durch kein Kollektivpronomen geborgen, durch kein schützendes »man«. Der Bruch mittelbaren Beschreibens, dergestalt, daß aus Bruchstellen Unmittelbarkeit ausfließt, ein Betroffener (im ach wie nur zu wahren Sinne) von seiner Betroffenheit sprechen muß, widerspricht dem literarischen Gesetz (Du sollst ein Bild machen!): Wer es verletzt, wird mit sofortiger Verflachung bestraft.

Schon das Anheben in eigener Sache will nicht recht gelingen. »Als auf mich geschossen wurde ...«, klingt nach Frontbericht, obschon »Front« gar kein unzutreffendes Wort wäre, warum, wird noch gesagt, aber wie würde der Satz weiterlaufen, etwa: »... war ich in einer Kirche zum Gottesdienst.« Was für eine Kirche? Was für ein Gottesdienst? Wer schoß? Wieso?

Wie einfach und unprätentiös hätte ein Chronist des frühen neunzehnten Jahrhunderts geschrieben: »Es war am 12. November 1972 an einem heißen Sonntage in einem Städtchen namens Kings Village, dessen Geringfügigkeit denn auch unsere Landkarte nicht erwähnenswert fand und wohin mich die Ehefrau des Professors Michael (Spezialgebiet: Theater der Renaissance) brachte, um an einem Kirchgang teilzunehmen ...«

Etwas umständlich, aber präzise, auf Genauigkeit des Mitzuteilenden bedacht, dies war einstmals der Stil, entsprechend einem Lebensstil angestrebter Aufrichtigkeit und Wahrheitstreue.

Und was war da mit einem Schuß? (Und fragen Sie nicht, wer da fragt; nur ein abgespaltener Teil des Autors selber, zwecks rhetorischer Hilfestellung.) Lassen Sie die unwichtigen Umstände weg.

Welche denn? Daß Kings Village, des Königs Dorf in wörtlicher und ziemlich höhnischer Übersetzung, eine Anhäufung allerärmster Bretterbuden ist, in denen nur Schwarze hausen? Das scheint doch wichtig, wie auch der Besuch bei Mrs. Michaels Freundin, grauhaarig und knochig wie sie, nur eben schwarz, die beide sogleich über Krankheiten parlierten, über das neue Gebiß unserer Gastgeberin, ungeniert, und über ähnliche Alltagsgeschehnisse. Von den eng uns umdrängenden, wenig vertrauenswürdigen Wänden blickte einige Male der tote Kennedy herab, teils papieren vergilbt, teils auf Samt gemalt zusammen mit seinem Bruder Robert und Martin Luther King, dessen Reich nicht von dieser Welt gewesen. Wenig später gesellte sich eine voluminöse Frau, eben mit ihrem Wagen zum Kirchgang eingetroffen, zu uns: weißer, schräg gekrempter Hut, an Jagd und Getümmel innerhalb eines Burghofes gemahnend, starker Kontrast zum schwarzen Gesicht und den schwarzen Augen: markant und nackt erscheinend; Weiße haben niemals Augen von solch auffälliger Körperlichkeit. Eine wiederholte Erfahrung: Weiße wirken neben Schwarzen häufig esoterisch, leicht androidisch; wie im Treibhaus gezogen und von den Wurzeln abgeschnitten. Ist das ein nebensächlicher Umstand?

Im winzigen Vorraum zum Wohnschlafzimmer, in welch letzterem wir hocken, liegen drei Zwölfjährige auf den Dielen vor dem Farbfernseher, einen extrem bunten Boxkampf anzuschauen. Keine Klimaanlage. Die Hitze bildet eine Art Gelee um uns. Die Sonne sucht das Dach zu entzünden, zumindest zu versengen; erinnere ich mich recht, so waren die Fenster geschlossen. Oder waren in den Rahmen Gazefenster statt Scheiben? Ein Zeitstillstand schien hier vor langem eingetreten, und daß es plötzlich drei Uhr nachmittags sein sollte, war bloß eine Annahme in der sichtlichen Stagnation der äußeren Umstände (Sehen Sie, wie wichtig deren Vorführung!), um endlich den Gottesdienst beginnen zu lassen. Begann noch lange nicht.

Wir beide waren, bis auf einen alten Mann, der aus dem Fenster ins Nirgendwo blickte, die einzigen Anwesenden in der Kirche, eigentlich einer Baracke, ihr sakraler Zweck nur erkennbar durch das Schild »Galilee Baptist Church« über der vorderen Eingangstür: zu ihr tragen den Frommen sieben Stufen, beidseits geländert, fast ohne Farbe, ausgetreten, ausgedörrt von der Hitze. Wir hatten das Tonbandgerät durch die Hintertür geschleppt, an der gar nichts gläubig Hinweisliches stand. Mrs. Michael begab sich mit dem Stecker in der Hand (110 Volt, wie alle Spannung im nationalen Netz) in Richtung Steckdose: sie wußte hier Bescheid. Seit einem nicht mehr genau zu bestimmenden Zeitpunkt – wir denken an den erwähnten Stillstand, nicht wahr? – nahm sie die Gottesdienste auf Band mit nach Hause, die Größe ihrer Sammlung des Immergleichen sprengte wohl bald ihr kleines Haus, hat es möglicherweise inzwischen getan. Was mochte sie mit all den Magnetbändern veranstalten? Was für ein Schuß? Von wem?

Welche Hitze; alle Fenster geschlossen: zu meinem Glück, wie ich bald erfahren sollte. Luftzug ging nur zwischen Vorder- und Hintertür durch den Raum voller zusammengenagelter Stühle, die Sitzreihen markierten. Es saßen irgendwann einige alte und ältere Leute in der ersten Reihe. Weitere erschienen: sie, die es zeitlich näher zu Gott haben, sind durch die dauernd sich verkürzende Entfernung pünktlicher als andere. Die Gemeinde wuchs, hörte aber damit gleich wieder auf; kaum den halben Raum machte sie aus, bestand meist aus Frauen, davon die Majorität über die Lebensmitte hinaus. In den letzten Reihen einige Kinder unterschiedlichen Alters, gummikauend, die Beine hochgewinkelt, die Füße demonstrativ auf die Rückenlehnen vor sich gestützt: damit man sehe, daß sie bezweifelten, von Dschihsas aus Kings Village heraus direkt ins Paradies geführt zu werden.

Wer ist Christus? Sieht er uns hier? Wo sind wir überhaupt? Kein Symbol verweist auf die Funktion der umbretterten Örtlichkeit. Hinter dem Predigerpult – es sind angekündigt Reverend W. A. Cartwright jr. und Reverend C. Young von der St. Mary Baptist Church, da sitzen sie schon, rasierte Schädel, Brillen, intellektuell und vital – hängt nichts weiter als eine elektrische Uhr mit dem Markenzeichen von Coca Cola. Unsere Freundin, Mrs. Michaels Freundin, setzt sich ans Klavier. Drahtiges Klimpern, heiser und leicht verstimmt, doch das stört keinen, es wird ja aus ganzem und vollem Herzen gesungen, zuerst zögernd, die Instrumente sind noch nicht angewärmt, um mit einem falschen Bild die richtige Sache zu bezeichnen. Dann aber ereignet sich, was ich, wäre ich im legendären Dunkel ferner Geschichte schon dabeigewesen, die »Geburt des Gedichts« genannt haben würde, vorausgesetzt, ich hätte in besagter, von der Forschung kaum erhellter Vergangenheit mein gegenwärtiges Bewußtsein besessen. Obwohl: es hätte sich als überflüssig erwiesen, instinktiv hätte man die Schöpfung gespürt, wie man es auch jetzt in diesem Augenblick in dem sauerstoffarmen Glaubenshaus tut. Jahrtausende inexistent. Die Sprechweise der Prediger wird immer rhythmischer und alliteriert, steigt, fällt, schlägt Bögen: Yes, Lord, it's right, it's true, o Lord! Tremolo der auf die andere Handfläche trommelnden Finger als Begleitung. Ausrufe, untermalendes Skandieren, und in ein Atemholen des Reverend C. Young paßt Reverend Cartwright ein »Yes, man!« ein wie einen Quader in den zu errichtenden Tempel; große einfache Blöcke in einen archaischen Bau: Gleichnis auf Gleichnis, angesiedelt in konkreter Wirklichkeit amerikanischer Gegenwart, amerikanischen Alltags, von der Frau, die ihren Mann betrügt, willst du so Jesus betrügen, Mann? Nein, Herr, und wie der Stausee im County Wasser für alle gibt, so gibt Jesus allen von seiner Liebe: Yes, Lord!

Die beiden Männer auf dem Podium, verbunden durch eine unsichtbare Leitung, demonstrieren, wie die Message zum Medium wird und wie dieses stärker und stärker die Versammelten ergreift. Mykene erscheint, der Rhapsode unter der Zyklopenmauer, der durch den Melos seiner Schilderung sein umstehendes Publikum (und sich selbst) in einen Zustand versetzt, worin Erleuchtung und Betäubung sich vermengen, überlagert von einem Vergnügen, einem inständigen Genuß ebendieses inneren Zustandes: Yes, Lord!

Und der Schuß? (Besagte nicht ein glaubhaftes Gerücht, unser Mann habe – während eines Vortrages von Faschisten angeschossen – die USA fluchtartig verlassen? Da muß doch was dran sein!)

Nach Schluß des Gottesdienstes rief ein Mädchen, einen Folianten auf den Knien, daraus lesend, die Namen der Anwesenden auf: Wieviel spendest du heute dem Herrn, Schwester Emma? Sechs Dollar, und ein Bruder in Houston schickt hier zehn Dollar mit für die Gemeinde! Sümmchen zu Sümmchen, keins der Rede wert: arme Leute, und das Buch wird geschlossen, am Jüngsten Tag sollte unbedingt Einblick darein genommen werden, es lohnt sich, o Lord, und anschließend stellt Rev. Cartwright den Gast aus Berlin vor, lobt das Ergebnis der Kollekte, und die Gläubigen wie die Ungläubigen verlassen das karge Gehäuse. Zwei alte Männer und zwei Jungen bleiben zurück, interessiert zuzuschauen, wie wir das Tonbandgerät abbauen.

Es ist der 12. November 1972, ein Sonntag voller Hitze und Inbrunst. Was folgt, läse sich in einem Polizeibericht, wäre Polizei angerückt, vielleicht so: »Ich spürte plötzlich einen Schlag über den Hinterkopf und fuhr herum (jäh oder blitzartig, wie solche Wendung in der Trivialliteratur apostrophiert wird), weil ich dachte, einer der Jungen hätte mir mit einem Knüppel über den Kopf geschlagen. Da sah ich in der Fensterscheibe ein rundes Einschußloch, der Rand gezackt, und im Hintergrund draußen rannte einer mit dem Gewehr weg. Ich griff an meinen Hinterkopf und spürte erstens eine wachsende Beule und zweitens ein plattgedrücktes Bleigeschoß. Ich war ziemlich erschrocken und habe irgend etwas gerufen wie: Ich bin nicht der Präsident ...«

Und dann?

»Im ersten Moment wollte mir niemand glauben, doch dann sahen auch sie das Loch in der Scheibe und waren gleichfalls erschrocken, wenn auch aus anderen Gründen: sie hatten Angst, mit der Polizei Scherereien zu kriegen. Und der eine Alte schickte die Jungen los und lief dann selber hinaus.«

Und weiter?

»Nachdem wir das Magnetophon im Wagen verstaut hatten, im Fond saßen, wurde der Schütze, ein vielleicht Vierzehn- oder Fünfzehnjähriger, herbeigeführt, um sich zu entschuldigen, was er auch tat. Er sagte, er habe nicht gewußt, daß sein Gewehr geladen war. Wir fuhren ab.«

Sind Sie zur Polizei gegangen?

»Obwohl alle weißen Texaner es forderten: nein. Es war zwar ein schweres Luftgewehr, aber die Scheibe hat die Durchschlagskraft gedämpft; ich erwähnte den Glücksumstand des geschlossenen Fensters und daß ich dem den Rücken zuwandte. Mir ist ja nichts passiert; deswegen der Verzicht auf Polizei: der Junge wäre damit ›aktenkundig‹ geworden, wie wir das im Deutschen fälschlich nennen, womit wir nämlich nicht sagen wollen, jemand verstünde was von Akten, sondern er sei in dieselben geraten. Sein Glück und mein Glück war, daß ich, kurz bevor er abdrückte, nicht zum Fenster hingesehen habe: Augäpfel sind weniger widerstandsfähig als Hinterköpfe.«

Und wissen Sie eigentlich, warum er geschossen hat?

»Wahrscheinlich, weil er schwarz war und ich weiß.«

Was haben Sie in diesem Moment gedacht, als Ihnen das passierte, als Sie den Schlag spürten?

»Denken? Das kann man kaum denken nennen, was während

solcher Sekunden in einem vorgeht. Eher ein assoziatives Wahrnehmen der eigenen, durch den Schock verursachten Situation. Etwas wie plötzliches Verlorensein, wenn ich mir den Augenblick zu rekonstruieren versuche; auch ein Außersichsein (alle Sprachklischees stimmen auf einmal), ich meine: außerhalb der eigenen Person. Vorstellbar, daß man im Moment einer Gefahr, echter oder fiktiver, sich selber von außen sieht, um durch die Projektion des Ichs nach außen den subjektiven Untergang, die eigene Vernichtung nicht als absolut wahrnehmen zu müssen. Als wäre da etwas über die Fleischlichkeit hinaus. Was die Idee von der Seele erzeugt hat. Dazu müßten wir Leute interviewen, die schon tot sind. Jedoch sind das pure Spekulationen, bestenfalls ungenügende Erklärungsversuche eines Zeitbruchteils, wobei ich eigentlich zu Anfang nichts weiter wollte als über den Besuch eines Gottesdienstes berichten, über die Verlebendigung des Wortes, wovon man viel gehört und wenig gewußt hat, statt über alttestamentarisches Tun, auf das man, als potentieller Gegenpart Kains, nicht erst hinweisen muß.«

San Antonio

Ein vorgeschobener Posten der Spanier nördlich des Rio Grande: das Fort San Antonio de Bexar, 1718 erbaut und seitdem ständig erweitert: zu einer Stadt; im vorigen Jahrhundert zur Hälfte von Deutschen bewohnt, Grundlage und Anlaß (gleich andern deutschen Siedlungen) der obskuren Idee von einem neuen Deutschland auf amerikanischem Boden. Gescheiterte Revolutionäre, viele der Achtundvierziger, vertraten nach ihrer Flucht diesen utopischen Plan und bewiesen damit die bekannte deutsche Mischung von Fortschrittswillen, übersteigertem Nationalgefühl und Illusionismus. Der von den USA unabhängige demokratische deutsche Nationalstaat auf dem Boden der Neuen Welt, respektive auf texanischem, kam nie zustande: wir wissen es. Eine andere deutsche Eigenschaft, nämlich der nationale Selbsthaß, deutscher Widerwille gegen Deutsche, entweder stammesgeschichtlich oder sozialpsychologisch motiviert, auch divergierende Vorstellungen von Organisationsformen verhinderten Konzentration und quantitative Zunahme von Deutschen in einem oder zwei Bundesstaaten. Sie lebten über den ganzen Kontinent verstreut, zum größten Teil auf dem Lande, im Gegensatz zu den Iren, die hauptsächlich Städter waren oder wurden. Politisches Desinteresse tat ein übriges: mehr als eine unwahrscheinliche Menge von Gesangvereinen, den »Liedertafeln«, kam nicht zustande.

Heute wird sichtliches Deutschtum in San Antonio höchstens von Restaurants repräsentiert, wo die deutsche Speisekarte, wimmelnd von Irrtümern und Druckfehlern (»Knockwurst«), das mühsame, mehr und mehr mißlingende Festhalten an erstorbener Eigenständigkeit belegt.

Dagegen nicht integrierbar die Gruppe der Chicanos, der eingeborenen Minorität, hierorts eher Majorität: wer das Geschäftsviertel (Downtown) hinter sich bringt, betritt einen anderen Bereich. Nur die Dollarzeichen sprechen die offizielle Sprache, jedes weitere Wort ist spanisch. Boxkampfankündigungen mit opernhaft klingenden Boxernamen, Kinoreklamen, eine Fiesta (ist gewesen oder wird sein), und aus Schallplattenläden klimpert José Felicianos Gitarre, aus den Restaurants riecht es entsprechend, frische Enchilladas und Tortillas, ein andrer Laden bietet im Schaufenster Liebestränke an, geheimnisvolle getrocknete Kräuter zu Zwecken der Zauberei, Amulette gegen den bösen Blick und ähnliche Gefahren, lauter Zubehör der schwarzen und weißen Magie. Dazwischen jedoch – wir sind unter frommen Katholiken – gipserne Madonnen, begleitet vom städtischen Schutzpatron, dem heiligen Antonius, bunt und edel. Um die Ecke: der mexikanische Markt, eine Eisenkonstruktion, alt und ebenerdig, ferner Verwandter der schon vergessenen Berliner Markthalle, voll von Touristenschund. In verschiedenen Größen, den Sombrero auf dem Kopf, in den Poncho gehüllt, dahockend, die Arme auf den angewinkelten Knien, der »faule« Mexikaner als Gartenzwerg andrer Gemütsverfassung. Den größten kauft soeben ein Pfarrer aus dem Mittelwesten und müht sich mit seiner Frau, die reglose Figur im Kofferraum zu verstauen. Schnitzereien aus Büffelhorn häufen sich in den Ständen, Kitsch auf Kitsch. Der Andenkenhandel hat das Kunsthandwerk ruiniert. Die halbindustrielle Fertigung von Gegenständen, zu keinem Zweck nutze als dem des sentimentalen Rückgedenkens an einen Ort, von dem man nichts weiß, an einen Aufenthalt, während dem man nichts sah, hat die einstige Naivität solcher Gegenstände zerstört, die ehedem von Unvollkommenheit und individueller Unbeholfenheit geheiligt waren. Nun: neue Nippes. Entweder durch die Glätte mißverstandener Abstraktion öde oder durch Verniedlichung für ein maximales Publikum annehmbar gemacht – ein Publikum, welches ohnehin von allem und vor allem die widerspruchsfreien, bedeutungsarmen Abbilder liebt.

Wir kaufen also den handgeschnitzten großen kleinen Korsen (20 Zentimeter), eine Parodie auf den Kaiser, der berühmten Stirnlocke beraubt, die Rechte nur deshalb im Westenausschnitt, weil so die Fingerspitzen nicht extra ausgearbeitet zu werden brauchten, eine Produktionsrationalisierung »Made in Hongkong« wie die kulturgeschichtliche Monstrosität selber. Völlig beziehungslos wird irgendwo irgend etwas mit dem äußerlichen Anschein von Handarbeit hergestellt (es ist Handarbeit, aber Massenhandarbeit), um es dorthin zu liefern, wo wiederum niemand ein Verständnis für das mangelhaft Dargestellte hat: so sieht Napoleon I. durch Chinesenaugen gesehen aus: ein stupsnäsiger Weißer, verkleidet zu einem Maskenball. Und sollte das sowieso fragwürdige historische Bewußtsein weiterhin von historisierenden Industrieerzeugnissen überlagert werden, gerät gewiß die Sache selber, welche das Erzeugnis zu zeigen vorgibt, völlig in Vergessenheit. »Napoleon« wäre dann die Bezeichnung für importierte Holzfiguren, wie beim Pückler-Eis niemand mehr an den Fürsten von Muskau zu denken imstande ist, an den dilettierenden Künstler in Landschaftsgärtnerei und Autor der ›Briefe eines Verstorbenen‹.

Haben Sie das schon gesehen? Waren Sie auch drinnen? Wie finden Sie es?

Fragegegenstand: The Alamo, Heiligtum aller (echten) Texaner, iberoamerikanischer Stil, sorgsam restauriert, gehütet, gepflegt: die »Wiege texanischer Freiheit«. In dieser alten spanischen Mission verteidigte sich 1836 dreizehn Tage lang die texanische Besatzung gegen die mexikanische Armee »bis zum letzten Mann«. Rauchen verboten. Sakrales Dämmerlich. Gemälde rundum in der Eingangshalle und in der Manier preußischer Schlachtenmalerei, aber im Sujet in der von Westernfilmszenen. Illustrationen des Heldenepos: Und ihr habt doch gesiegt! Namenlisten unter Glas, Rapportbücher, Waffen, Gebrauchsgegenstände der Epoche und zerbrochene Reste, die aus dem Brandschutt gesiebt wurden. Verborgene Magnetbänder spielen die Geschichte der Verteidigung ab, Schüsse dröhnen, Pferdehufe trappeln, Kommandos ertönen, und der Kommentator kommentiert mit ehrfurchtsvoller Stimme das Geschehen, das Märtyrer hergestellt, nationale Identifikation geschaffen, aber für die Vereinigten Staaten auf dem Wege zur Weltmacht nur ein paar mühelose Schritte bedeutet hat.

Mexiko, der schwache Nachfolgestaat des entkräfteten spanischen Imperiums, war dem aufstrebenden Industriegiganten im Norden historisch unterlegen. So wurde die Gegend US-Besitz, und vor dem Eingang auf der Straße wird nun das Podium abgebaut, auf dem die örtliche Generalität soeben die Parade uniformierter Gruppen abnahm: Heute ist Veterans Day, es wird marschiert, musiziert, die Fahne gegrüßt, und die niemals fehlenden äußerst kurzberockten Mädchen, zum Kölner Karneval würde man sie »Funkengarde« nennen, heben die Schenkel nach dem Takt ihrer Tambourmajorin. Die Verteidiger sind tot, unter ihnen Davy Crockett, der Waldläufer mit der Waschbärenmütze, eine Lederstrumpf-Gestalt aus dem Spielwarenladen, und die Republik Texas, von der wir eine Tüte Dollars kaufen (»Antique Reproductions-they LOOK OLD and ACTUALLY FEEL OLD«), lebte auch nicht lange. Bis zu »Mister Polks Krieg« (Polk war Präsident) in den Jahren 1846 bis 48 gegen Mexiko zur Annexion von Texas:

»Er wurde«, so schreiben die Historiker David S. Murzey und John A. Kraus, »zu dem Zweck geführt, unsere Grenzen zum Rio Grande zu verlegen, Mexiko für seinen unverschämten und unbeherrschten Widerstand zu maßregeln. Daniel Webster nannte ihn ›einen Krieg der Vorwände, in dem der wahre Beweggrund nicht offen eingestanden wird, sondern in dem Scheingründe, nachträgliche Erklärungen, Ausflüchte und andere Methoden verwendet werden, um der Allgemeinheit einen Streitfall vorzutäuschen, der in Wirklichkeit keiner ist‹.«

Die Regierung der USA ging, wie Webster nachwies, sogar so weit, subversive Methoden anzuwenden. In der Hoffnung, in Mexiko eine Marionettenregierung einzusetzen, erteilte sie ihren Marinestreitkräften, die eine Blockade um Mexiko errichtet hatten, den Befehl, den mexikanischen Militärführer Santa Ana (der im Exil gewesen war) an dem Tag durch die Linien nach Mexiko schlüpfen zu lassen, an dem Mister Polk (der Präsident) dem Kongreß seine Kriegsbotschaft übermittelte. »›Wie konnte Mr. Polk darauf kommen, daß Mr. Santa Ana gerade diesen Weg nehmen würde?‹ fragte Webster und enthüllte anschließend, daß die illegale Grenzüberschreitung durch Geheimagenten der USA arrangiert worden war. Aber die USA hatten sich selbst überlistet, denn Santa Ana erwies sich als unverläßliche Marionette. Abraham Lincoln, damals frischgewählter Kongreßabgeordneter, schlug vor, man solle untersuchen, an welcher Stelle es tatsächlich zum ersten Zusammenstoß zwischen US- und mexikanischen Streitkräften gekommen war. Seiner Überzeugung nach (es zeigte sich, daß er recht hatte) war dieser Zusammenstoß auf mexikanischem Territorium erfolgt.«

Die klassische Konstellation: sie wiederholt sich rund siebzig Jahre später in Europa, wenn Lenin vom deutschen Generalstab nach Rußland eingeschleust wird, freilich mit anderem Ergebnis.

Mexiko verlor den Krieg. Texas wurde Bundesstaat der Union und The Alamo ein weltlicher Wallfahrtsort für die Patrioten; ein Museum in einem immergrünen Park inmitten der Stadt, umrundet vom immerwährenden Verkehr.

Zur Farbigkeit der Stadt, seiner Bevölkerung, Chicanos, Mestizen, Schwarze, ein heterogenes Gemisch – Lebendigkeit und bewegte Ungleichartigkeit als optische Qualität des Ortes konstituierend –, paßt die Verwandlung innerstädtischer Partien in ein »Klein-Venedig«, Venedig ganz unähnlich oder doch ähnlich wie in einem Traum, während welchem man weiß, genau das ist es und ist es doch nicht.

Die Metamorphose des San Antonio River zum Canale Grande ergab sich aus einer völlig konträren Absicht. Radikale Pragmatiker wollten den verdreckten Fluß unter einer Stadtautobahn völlig verschwinden lassen, ihn als unterirdische Kloake nützen, doch dieser Plan rief Lokalpatrioten auf denselben und einen entgegengesetzten hervor: Der San Antonio River solle in Beton gefaßt, also kanalisiert, und das Geld dafür von potentiellen Anrainern aufgebracht werden: und siehe, so geschah es. Hotelkonzerne, Apartmenthaus-Gesellschaften, Restaurantbesitzer zahlten das Unternehmen, wurden mit Ufergrundstücken bevorzugt versorgt, und ehe wir eintrafen, stand die an la bella Venezia so ambivalent gemahnende Flußeinfassung da: damit wir auf dem schmalen gepflasterten Kai am (immer noch schmutzigen) Wasser entlang unter Bananenbäumen und Rieseneichen promenieren konnten, unter vielen schattenden Brücken dahin, überquert vom Strom Detroiter Produkte statt von Maronenverkäufern, Priestern, Nonnen, Glaswarenhändlern. Beton gewordene und bewohnte Kapitalakkumulatoren begleiten uns, auch Aussichtsboote treiben vorbei, und an einer Biegung, wo es nun doch ganz italienisch zugeht, eine klassisch-römische Brücke ihr Halbrund übers Wasser spannt, weiße Bauten mit Gitterbalkons und Sonnenmarkisen stehen, wurde der Flußbogen geschickt zur Installation des »River Theatre« ausgenutzt. Auf der zum Wasser sich bauchenden Fläche: die halbrunde Spielebene, indes die vom Wasser sich zurückziehende Einbuchtung amphitheatralisch ansteigt. Hier könnten wir auftreten und ein Stück spielen, das es noch gar nicht gibt oder niemals geben wird, Menschsein ist alles, könnte es heißen, oder: In Wahrheit ist die Welt schön, wenn sie so schön wäre. Und selbst wenn die Heiterkeit dieses übersichtlichen Bruchstückes fremder Realität, erinnertes Venedig oder vergessenes San Antonio, kulissenhafte Täuschung sein mag, wir gehen darauf ein und mögen sie darum und nur darum, denn überall ist die Täuschung ein fester Bestandteil unserer Lebensfähigkeit. Wir wissen es sicher, selbstverständlich, und doch: in jedem Besserwissen erschaffen wir uns etwas wider besseres Wissen: eine Schöpfung – falls es erlaubt ist, die Interpretation von Wirklichkeit mit dem alten Bibelwort zu benennen.

New Orleans I

Heisere und weiche Stimmen, wir haben sie vor längstem gehört. Getön, das Gemüter zum Schmelzen bringt. Louis Armstrong und Ella Fitzgerald, Bessie Smith und Coleman Hawkins. Die Heiligen sind einmarschiert, irdischerseits geht eine Etappe der Musikgeschichte zu Ende, und doch mehr als nur eine Etappe.

»Basin Street«, so singt Satchmo, »is a street where folks are dancing ...« Das ist die Basin Street, wo wir stehen, keiner tanzt, fast leer die Breite und Länge, ein noch unerwachter Sonntagvormittag in New Orleans, zugedeckt von gewichtigen Schichten gestauter Hitze. Das Herz von Dixieland, das war's für uns, als wir noch nicht wußten, südlich der Linie, benannt nach zwei Männern namens Mason und Dixon, lägen die Sklavenhalterrepubliken. Birdland: wir sind erschienen, wie aufgetaucht aus Spalten schmutzigen Pflasters, ans tropische Licht gezogen durch ein Wunder, an das niemals ein Glaube in uns gewesen ist: das muß gesagt werden. Jetzt sprechen die Straßenschilder ihre wegweisenden Zauberworte zu uns: Iberville, Bienville, Conti, St. Louis, Toulouse, St. Peter, Orleans, St. Ann, Dumaine, St. Phillip, Ursuline, Gov. Nichols, Barracks, Esplanade: sie laufen mit ihren brüchigen Bürgersteigen, dem schmalen Asphaltband dazwischen, unter uns und mit uns zum Ol' Man River, von dem uns Paul Robeson vor mehr als fünfundzwanzig Jahren baßtief Mitteilung machte: He keeps on rollin' ... Er fährt in seiner Bewegung fort; er tut es, eingegrenzt von Anlegeplätzen, Docks, Raffinerien, Ölmühlen, Tanklagern, Eisenbahngleisen und Güterzügen, mit größeren Mengen lehmfarbenen Wassers und mit meditativer Langsamkeit. Nie war ein Fluß so träge. Eine reglose Schleife uns zu Füßen, da wir ihn vom Turm »Top of the Mart« betrachten, vom Internationalen Handelszentrum, 497 Fuß hoch, der Fuß zu 30 Zentimetern, wer rechnen will, bitte. Das Mississippidelta. Flachland. Einlaufende und auslaufende Schiffe, als zöge unter der Wasseroberfläche einer sie ganz behutsam flußauf und flußab: der Ol'Man gewiß. Kehrt man dem Strom den Rücken, überschaut man Downtown, sonnenüberflutet, von breiter Schneise geteilt: Canal Street, der einstige alte Kanal, auf dem die von Segelschiffen auf Leichter umgeladene Ware in die Stadt, weiter ins Landinnere geschafft wurde und auf dem, zugeschüttet seit langem, der Dauerverkehr rollt. Nahe dem Hafen, wir werden es gleich sehen – 497 Fuß abwärts gesunken durch eine gläserne Röhre an der Turmfassade und nachdem die Kabine aufgesetzt hat –, daß Canal Street hier verkommen und verfallen ist: geschlossene Läden, abgefetzte Reklameplakate, Kneipen, eher Spelunken, keine Ahnung, ob in Betrieb oder nicht, Mülltonnen, diese überall anzutreffenden amerikanischen Denkmäler, Dreck, wirbelndes Papier, Staub, grau und mehlartig, zerlumpte Gestalten, ältere schwarze Männer, betrunken, den zerlöcherten Hut gleichgültig aufgestülpt. Dann: Hotels, Auffahrten, ein Lincoln »Continental« hält, Damen steigen aus oder ein, Koffer, Portiers, Empfang, schwingende Glastüren, und dann: die Läden. Canal Street ist der Kurfürstendamm, die Via Veneto, Kalverstraat, Regent Street und wie die Einkaufsboulevards in aller Welt heißen mögen. Eine waghalsige, etwas krasse und talmihafte Eleganz, bevorzugt von der schwarzen

Herrenwelt, ist hier feilgehalten: hochhackige Schuhe aus verschiedenfarbigen Lederteilen, eng taillierte Anzüge, knöchellange Mäntel, schwarze oder lila Hüte, Messingketten als Hutbänder, auffällige Messingösen als Luftlöcher. Statt aus dem Turmlift in die Canal Street kann man auch nach einigen Schritten in anderer Richtung auf die S. S. President steigen: Raddampfer im Format eines Wohnhauses, drei Decks übereinander, Säle mit Tanzflächen, kalte Büfetts, Snackbars, warmes und kaltes Essen, und auf dem zu Bug und Heck hin leicht ansteigenden flachen Oberdeck auf einem der Klappstühle sitzend, Jax-Bier in der einen, einen Hamburger in der anderen Hand, spürt man keine Erschütterung, keine Maschinenschwingung, da das Monstrum vom Kai ablegt. Unglaublich sacht wird die Gegend rund um uns gedreht, als säßen wir auf einer Drehbühne; New Orleans wird zur Kulisse, zur Skyline, aber das dauert eine schier unendliche Weile. Docks schieben sich vorbei, die Bananenbunker der United Fruit Comp., Dampfer unter Flaggen aller Nationen, überwiegend unter der panamesischen. Die U. S. Marine Reparatur Basis taucht auf, gleitet vorbei und fort.

Es kommt auf uns zu das Schlachtfeld von Chalmette, wo 1812 – ein Datum von gänzlich abweichender Bedeutung für uns – General Andrew Jackson die Engländer schlug, deren Position in der Neuen Welt damit endgültig zerstört war. In Europa rottete sich nach diesem Datum die »Heilige Allianz« zusammen, jede Regung der Völker unterdrückend, die Restauration begann, indes auf diesem Kontinent der eigenständige Aufschwung einsetzte. Mir scheint, erst nach 1812 brach Amerika mit seiner europäischen Herkunft; die Aufmerksamkeit, das Interesse richtete sich nach Westen, die Besiedlung des Landes im großen Umfange hub an, unter der berühmten Parole: Go west. Auch wir würden das tun, in Sichtweite der alten Trails, der Treckstrecken, der Pionierwagenpfade. Aber noch sind wir im Osten, in einem wirklichen Ableger, einer Pflanzstadt der Alten, so weit entfernten, aus unserem täglichen, auf den Alltag gerichteten Denken schon sich zurückziehenden Welt: im Vieux Carré, dem französischen Viertel; ein Relikt und zugleich ein Produkt merkwürdiger Kultursymbiose. Jean-Baptiste le Moyne, Sieur de Bienville, Gouverneur der französischen Kolonie Louisiana, gründete die Stadt 1718, ihr Architekt Adrian de Prauger entwarf sie nach heimischem Modell mit einem zentralen Platz, Place d'Armes, seit 1849 Jackson Square; südöstlich dieses Platzes, wo sich jetzt der französische Markt befindet, war damals eine offene Handelsstelle für Geschäfte zwischen den Ortsansässigen und Indianern vom See Pontchartrain und deutschen Siedlern von der dreißig Meilen entfernten German Coast. 1762 fiel Louisiana an Spanien, 1800 Rückkehr zu Frankreich bis zum Verkauf an die Union. Im French Quarter wohnten Kreolen, ein gemischtes Völkchen, stolz und untereinander solidarisch, die, wie es heißt, die Amerikaner, die Yankees, nicht mit offenen Armen empfingen, so daß diese ihre Läden und Geschäfte in neuen Vierteln errichteten, was den Vorteil hatte, daß dieses alte Quartier völlig unverändert blieb. Die Häuser meist zweistöckig, umlaufende Balkons an jedem, aus dem leichten Gewebe hell lackierten Gußeisens. An der Ecke Royal Street heißen die weiß gestrichenen durchbrochenen Brüstungen und Stützen ausdrücklich »Lace Balconies«, Klöppelspitzenbalkons, und dieser Eindruck ist auch überzeugender als die Tatsache des eigentlichen Materials.

In den Parterres der Bauten: Kneipen, Bars, Restaurants, Antiquitätenläden, Andenkengeschäfte, Kramhändler und eine Vielzahl von Striptease-Lokalen, überwiegend solche, in denen »female impersonators« auftreten, auf gut fremdwörtlich: Transvestiten. New Orleans gilt als heimliche Hauptstadt der Homosexualität, speziell eben der Verkleidungssüchtigen, die, da hier ein nicht enden wollender Karneval, der »Mardi gras«, gefeiert wird, aus dem ganzen Land anreisen, ihre täuschend nachgeahmte Weiblichkeit vorzuführen. Man sieht Mädchen oder Frauen, die keine sind, durch die Straßen stöckeln oder bereits halbnackt auf der Bühne eines Lokals sitzen und häkeln oder stricken, weil erst drei, vier Gäste anwesend sind und die Schau noch nicht lohnt. Türhüterinnen und Türhüter öffnen anreißerisch für wenige Minuten die Pforten ins fragwürdige Paradies, damit der Spaziergänger den Anblick nackter Serviererinnen erhasche, nackter Go-Go-Girls auf der Theke, nackter junger Männer, die als richtige Männer und nicht als Femininum vortäuschende Angestellte draußen auf den Schildern angezeigt werden. In den schwach erleuchteten Höhlen erblickt der Vorbeigehende sich verrenkende Gliedmaßen, wallende Brüste, einen zappelnden Hintern, ehe die Tür wieder zugeworfen wird, der Ausrufer die Passanten zum Eintritt auffordert. Keine Extrakosten, alles inklusive! Von fern Musik, durchdringend, rhythmisch, der Jazz klingt auf in jener berühmten Straße namens Bourbon Street (Ecke St. Peter), aus einem Restaurant, aus dem rundbogigen Mauerwerk, dem man die Fensterflügel und Türen extrahiert hat. Auf Trottoir und Damm, gesperrt für Autoverkehr, sammelt sich das Publikum. Drinnen zusammengenagelte Stuhlreihen, das Bier kostet zwei Dollar, aber auf erhöhtem Podium vor den flohkinoähnlichen Sitzgelegenheiten die Gruppe älterer, ja alter Männer macht Musik, als sei diese soeben erst von ihnen erfunden worden, so strahlend und frisch tönt sie, so mitreißend und fröhlich, daß man weinen möchte; dies ist das Glück: es bricht an dieser Ecke hervor und durchdringt uns als ungiftige Essenz, die den Zuhörenden befreit: von seinen Erfahrungen, von seiner Existenz wie von einem lang anhaltenden lästigen Zahnschmerz, nach dessen Verschwinden man erst inne wird, was Gesundheit ist. Und später, wenn es dunkelt, ein paar Häuser weiter sich einreihen zwischen die Wartenden vor Preservation Hall, pünktlich um neun Uhr abends aufgetan von einem Mädchen, den Zylinder vorgestreckt, daß der Gast einen Dollar einwerfe und eintrete in den winzigen, der Bezeichnung »Hall« hohnsprechenden Raum. Drei lehnenlose Holzbänke, glattgesessen von unzähligen Gesäßen. Wer zu spät kommt, muß stehen oder auf dem Boden hocken. Schon wird »Sweet Emma« im Rollstuhl hereingefahren, eine uralte verhutzelte schwarze Frau in rotem Kostüm, rotem Käppchen, und vors Klavier geschoben; jetzt wischt sie Staub, die vergilbten Tasten, das offenliegende Hämmerwerk, sie nimmt eine Tablette. Die anderen Musikanten, schwarz und ebenfalls sichtlich am Schluß ihrer Lebenszeit, entkleiden ihre Instrumente, der Titel wird angesagt, es beginnt, sie setzen ein, sie spielen, und der seit seiner Erbauung nie wieder gestrichene Raum, voller Zigarettenrauch und alter Abreißkalender und Spinnweben, wird zu einem Vorhof des Landes Utopia. Trotz der Verschlissenheit des Wortes, trotz seiner seit langem nur noch ironischen Verwendung, hier wird es neu anwendbar, in seiner ernsten Grundbedeutung durch kein anderes ersetzt: wie *wundervoll*, wie erfüllt von einem Wunder, was da wegzusterben, abzusterben gedenkt. Nach diesen alten Leuten wenige Meter vor uns kommt nichts mehr. Schon hat um die nächste Ecke der Jazz ein Museum, sicherstes Zeichen für Letalität. In seiner Heimat stirbt er aus. Aber im Augenblick, in diesem mikroskopischen Moment, ähnlich einem Elementarteilchen, das unter Energieabgabe zerfällt, stößt im Zuendegehen das in diesem Kubus konzentrierte alte elende großartige Dixieland seine Kraft aus, und wir nehmen sie gierig auf, wissend, wie sehr wir ihrer bedürfen.

Bei den Wachsfiguren in New Orleans

Musée Conti in New Orleans – eine weitere Variante der wächsernen Welt, in welcher die echte interpretiert und interpretierend erstarrte, um gerade dadurch Aufschlüsse über sich zu geben. Im Wax Museum in French Quarter, im alten französischen Viertel, tritt derselbe Grundzug wie in Dallas hervor, extremer in manchen Exponaten, bedingt durch ethnische und politische Vergangenheit des Staates Louisiana. Begegneten einem in Texas hauptsächlich »Western characters«, die positiven wie negativen Helden der Western-Sagas, Sheriffs und Marshalls, Revolverrechtssprecher und ihre Gegenspieler, Pferdediebe, Postkutschenräuber, so lauern in der klimatisierten Dämmerung des alten Hauses in der Conti Street (zwischen Dauphine und Burgundy) ganz andere Typen. Auch hier: Lynchjustiz. Hier jedoch kein »lynch mob«, sondern: »An outraged citizenry took the law into its own hand.« Außer dem Gesetz nahm die Bürgerschaft Maschinenpistolen und Gewehre in die besagte Hand und stürmte 1891 das Stadtgefängnis, wo Mitglieder der örtlichen Maffia einsaßen. Polizeichef Hennessey war erschossen worden, weil er, trotz Warnung, die Untersuchung gegen die Organisation weiterbetrieben hatte; der anschließende Prozeß eine Farce, die Jury bestochen: Ergebnis: das Blutbad im Schauraum, einen Gefängnishof nachahmend, umsinkende Männer, hinter einem Gitter eine unaufhörlich entsetzt zusehende Gefangene; brave Bürger, schnauzbärtig, bewaffnet, schießend; draußen vorm aufgebrochenen Tor erregt Stricke schwenkend: Trivialkunst der vergegenständlichten Sozietät, in der alles, fast alles zum präsentablen Objekt wird, wodurch es einen derartigen Substanzverlust erleidet, daß es zum Schatten seiner selbst wird. Da ist der Preis jeder Präsentation, jeder Ausstellung: das Objekt (falls nicht wahrhaftes Kunstwerk, Ding tieferer [oder höherer] Verweisung als bloß jener auf quantifizierbare Fakten, also voll von bereits wieder vergessenen und noch unentdeckten Bezügen) zerstört, was es zu zeigen beabsichtigt. Es gibt eine Realistik, die ihren Gegenstand verarmt. Und die Wachsfiguren machen nur deutlich, was Mühe um Lebensechtheit vernichtet.

Entsprechend dem letzten Präsidentenmörder in Dallas stellt auch das Musée Conti einen über hundert Jahre alten Vorgänger aus und erweist ihm gleichzeitig eine geheime Reverenz durch den ihm zugewiesenen Standplatz: Wilkes Booth, der Mann, der Abraham Lincoln während einer Theateraufführung von der Bühne her erschoß, Schauspieler und Regisseur, dessen Talenten die Nachwelt keine Kränze flocht, steht eingereiht zwischen Enrico Caruso und Jenny Lind, der »schwedischen Nachtigall«. »Tyrannenmord« als künstlerische Qualifikation – das mag gemeint sein. Oder: eine Tötung könne einem Künstler nie Abbruch tun. Zumindest ist durch die Placierung Booth' Tat als sekundär eingeordnet, vermutlich aus einem abgründigen, noch immer aktiven Haß des Südstaatlers gegen den Norden und seinen Präsidenten, der ja als der Schuldige am Untergang der »heilen« Feudalgesellschaft galt. Obwohl vor über hundert Jahren geschlagen, weht nicht nur in den Andenkenläden die Flagge der Konföderation, der »Rebellen«, die sich wegen ihrer wirtschaftlichen Grundlage (Landwirtschaft mittels Sklaverei) von der Union trennten. Von der Niederlage haben sich die Südstaaten, nach dem Verlust ihrer Sklaven, länger als ein Menschenalter wirtschaftlich nicht erholen können. Ressentiment griff um sich. Bald breitete sich Nostalgie aus: die festgefügte Gesellschaft – sich des Vorbildes sklavenhaltender Antike wohl bewußt und dies durch ihre Herrenhäuser beweisend, jedes ein griechischer Tempel – erschien im Rückblick und von der anhaltenden ökonomischen Krise her gesehen als das verlorene Paradies, und noch in den dreißiger Jahren konnte ein Buch, darin dieser einstige Garten Eden auf amerikanischem Boden den Schauplatz stellt, zum Dauererfolg werden: ›Vom Winde verweht‹. Nicht grundlos (und die eher emotionale denn rationale Einstellung in Sachen Süden verdeutlichend) erlangen zwei schreibende Frauen ungeheure Popularität: Harriet Beecher-Stowe mit »Onkel Toms Hütte«, der moralischen Stütze des Abolitionismus, vor dem Bürgerkrieg, und Margret Mitchell mit ihrem erwähnten Bestseller: der Verführung zur regressiven Haltung. Ein verbreiteter, doch verheimlichter Gemütszustand wuchert wie ein unterirdisches Gewächs durch die Zeiten und präsentiert im Wax Museum jene Person, die, obwohl das Zeug in ihr gewesen, doch nicht zum amerikanischen Hitler wurde: Huey P. Long, »the Kingfish« laut Selbstdefinition, Gouverneur des Staates Louisiana (den einstmals der junge Napoleon Bonaparte für Cash, Bargeld, an die Staaten verkaufte: nackt und wächsern unterschreibt er die Quittung in der Badewanne), gründete eine Privatarmee, eine Analogie zur SA, mit deren Unterstützung, Terror und Gewalt, er die demokratischen Rechte der Bürger abzubauen begann. Am 8. September 1935 traf ihn eine genau gezielte Revolverkugel in der Ortschaft Baton Rouge, und es künden von ihm außer seiner Effigies angerostete Blechtafeln an Mississippibrücken, als deren Namensgeber er nach alter Cäsarensitte auftrat. Im Musée Conti ist er inzwischen eine konservative Persönlichkeit geworden, »but one thing is certain he was a brilliant politician«. Ein brillanter Politiker also, gescheitert an einer Revolverkugel und daran, daß Louisiana nur der achtundvierzigste Teil des Landes war. So blieb den Bürgern eine Erfahrung wie die deutsche erspart, der sie, ehe Deutschland sie machte, zu einem gewissen Grade angehangen haben mögen.

Andrer Irrationalismus: Voodoo, der Negerbevölkerung Ersatzreligion, auf dem Niveau spätrömischer Geheimkulte, verbunden mit Hexerei, Giftmischertum, Liebeszauber, Schamanismus und Trancetanz. Die reglose und lastende Stickluft, die tropische Hitze des Mississippideltas, die Fülle gefährlicher Reptilien, Schlangen zahlloser Sorten, Alligatoren, Skorpione, Giftspinnen (so daß noch heute überall Schilder davor warnen, den Fuß von der Autostraße zu setzen), unheimliche Bayous, grünüberzogene Sümpfe, Menschenfallen, aus denen faulige Bäume ragen, grauhaarig, graubärtig, gespenstisch, boten ideale Bedingungen für die Erhaltung afrikanischer Riten und ihre Vermischung mit weißen Glaubenselementen. So sehen wir weiße Damen der Hautevolee von 1855 im allerfinstersten New Orleans aus der Kutsche steigen, Marie Laveau zu konsultieren, »the last great American witch«, die unbestrittene Voodoo-Königin, um sich das künftige Schicksal aus der Hand lesen zu lassen. So sehen wir ins Jahr 1834 und auf den Dachboden von Madame Lalaurie, wo die Hausherrin angekettete Neger auspeitscht; selbst während ihrer Festlichkeiten verschwand sie zwischendurch aus dem Salon, sich ihrem speziellen Vergnügen zu widmen, dem ein Landsmann von ihr seinen Namen als Bezeichnung gab. So schließt sich dem geschichtsnotorischen Schrecken folgerichtig der erfundene an. Hier gelten Edgar Allan Poe, Robert Louis Stevenson und Victor Hugo für die Verantwortlichen: der Riesenaffe aus dem ›Mord in der Rue Morgue‹ starrt den Besucher gierig an, das blutbesudelte Tuch in der Pranke, aus dem Kaminabzug baumelt kopfüber eine der Leichen: in der Phantasie, da man es einst las, war das alles ungenauer, darum viel schrecklicher, als ein Schrecken sein kann, der sich präzisiert. Der Glöckner von Notre-Dame wird geschlagen, die Leichenräuber öffnen den Sarg eines frischbegrabenen Mädchens, Frankenstein stürzt sich auf seinen Schöpfer, der Wolfsmensch fällt den nächtlichen Wanderer an, dem Phantom der Oper wird die schirmende Larve vom salzsäurezerfressenen Antlitz gezogen, und Dracula lächelt uns schelmisch und triefend zu: es träuft von den Eckzähnen, die er in den Hals einer hübschen Wachspuppe geschlagen hat, als gäbe es nicht außerhalb des Museums Schlimmeres, wie vorgestern (nach einem halben Jahr, da dieser Satz geschrieben wird) die Brandstiftung in einem Lokal des French Quarter durch zwei abgewiesene Gäste, die Benzin über die Treppen gossen und anzündeten und achtunddreißig Menschen verbrannten, zu unkenntlichen Gestalten, an den Fenstergittern hängend, dem Fluchthindernis: das besaß nicht die Qualität des Irrealen, die es überhaupt erst ermöglicht, Dinge zu beschauen, vor denen wir in der wirklichen Wirklichkeit davonlaufen würden.

New Orleans II

Tulane Avenue, Magistrale von New Orleans, bis Downtown hinein durchsetzt von niedrigen Holzhäusern, ausgestattet mit der bekannten überdachten Veranda und auf dieser der bekannte Schaukelstuhl: ein amerikanisches Symbol: Und wofür? Gemütlichkeit? Muße? Für demonstrativen Besitzerstolz oder friedlichen Feierabend? Für Freizeit? Für Freiheit? Sacht wiegen sich da und dort schwarzhäutige Leute hin und her; nur sie wohnen in den abbruchreifen Kästen, denen das baldige Ende anzusehen ist und die wohl bloß noch von brandfördernden Kabeln und Farbresten zusammengehalten werden. Ein Hauch von ›Onkel Toms Hütte‹ liegt am Sonntag über gewissen Partien dieser breiten Straße und ihren verkehrslosen Nebenarmen.

Das linke Auge hinter der Brille mit nicht mehr ganz frischem Heftpflaster verklebt, Mitte Fünfzig, dick und freundlich, serviert sie, Angestellte oder Besitzerin des Restaurants, eine Seafood-Platte: verschiedene Sorten Fisch, fritiert, aber versteckt unter einem Hügel ebenfalls fritierter Langusten und Krabben, letztere in solch zarter Schale, daß sie im Munde zerbröselt und mitgegessen wird. An den Wänden alte maritime Ausrüstungsgegenstände, auch Fangnetze und Seesterne. Um uns Leere. Bis auf einen Gast, dem sie oder der ihr was erzählt, sind wir allein und außerdem erst vor einer Stunde in der Stadt angekommen. Der Himmel ist tintig, durch Leuchtreklamen in sich selbst zurückgedrängt. Draußen vor der wandgroßen Scheibe rollen langsam und wie suchend die viel zu plumpen Wagen vorbei, Fenster heruntergekurbelt, die Hardtops abgenommen: man fährt durch die Wärme des Abends zum Essen. Über Downtown, dem entfernten Delta der Tulane Avenue, ist der Weltraum von irdischen, doch unsichtbaren Lichtquellen angestrahlt, eine Minderung für die Leuchtstärke der Sterne im tropischen Gefilde, dessen Tropik man wegen der urbanen Bebauung ständig vergißt, ständig erneut daran erinnert durch den heiß-feuchten Anhauch, durch wucherndes Grün, das zwischen zerbrochenen Gehsteigplatten aufschießt, aus Vorgärten aufs Trottoir drängt, ungebärdig, fremdartig; Bananenbäume, eingezäunt vom Beton unseres Motels »De Ville«. Dazu später als kosten- und gegenstandsloses Dessert, nachdem der Gaumen die Meeresfrüchte genossen, ein durchdringendes Empfinden, aus der Welt zu sein und für einige Erinnyen unerreichbar.

Alte Friedhöfe, drei an der Zahl, römisch numeriert, wo wir auf Nr. I das Grab Louis Armstrongs suchten (wieso eigentlich?) und erfuhren: Er liegt in New York; statt dessen weist man den Besucher zur Staubstelle Jean Laffites, des Seeräubers; der archaische Bandenboß New Orleans' half als Hiwi (nebst Mannen) dem General Jackson, die Engländer zu schlagen: America expects every bucaneer to do his duty!

Sonst: verbröckelndes Material, brüchig, abblätternd, einstürzend, einsinkend in weiche feuchte Deltaerde; daher: oberirdische Bestattung ähnlich der auf italienischen Friedhöfen: Fächerwände, in jedem Fach ein Toter, zugemauert, Tafel davor mit knappen Angaben zur Person. Oder Sarkophage, durch ihren eigenen mürb-morbiden Zustand und die Fäulnis imaginierende Atmosphäre der ganzen Anlage plötzlich genau ihrer Wortherkunft gemäß: Fleischfresser.

Kein anderer Friedhof (von vielen in vielen Ländern besuchten) bot einen derart intensiven Anlaß für Vorstellungen vom Verrotten, einem verzögerten Prozeß des Wegfaulens, daß einem wurde (und war), als lösten sich die vor hundert Jahren

Beigesetzten noch immer auf; als sei kein Abschluß dieses Vorganges eingetreten. Die meisten Grabdenkmäler, deutlich antiken Vorbildern nachgeahmt, wirkten viel älter als diese und die, vor denen wir auf der Via Appia gestanden, in Pompeji, in Caere. Kein Gedanke an Staub unter ihrem gegiebelten Dach: hier scheinen alle von halbvergorenen Gespenstern bewohnt. Neben namhaften Unbekannten: jene Dame, deren wächsernes Abbild wir im Museum trafen: Marie Laveau, Hexe und Voodoo-Queen; über und über ist ihr glattflächiger Behälter, auch die Datenplatte, mit eingekerbten, eingekratzten oder aufgemalten X-Zeichen bedeckt: damit sie aus ihrem steinernen Haus denen Glück bringe, die, an ihre Wunderkraft glaubend, das Zeichen anbrachten.

Zurück nach Westen, via »Paradis« und »Des Allemands«, auch Indianisches berührend: »Chacahoula«, und außerdem einen ganzen Bezirk mit dem schönen Namen »Terrebonne«, gute Erde. Dies eher auf Tabak, Zuckerrohr, Baumwolle gemünzt, weniger auf die Situation der einstmals in diesen Feldern Arbeitenden.

Kleine Ortschaften und in denen inmitten ausschweifender Rasenflächen – weder durch Gitter noch Zaun vom Gehsteig geschieden – das Herrenhaus, die Herrenhäuser, leuchtend weiß, hoch und noch vom Portikus übergipfelt, welche hohe schlanke Säulen tragen, die den nach rechts und links weitergeflügelten Bauten Leichtigkeit geben und gleichzeitig etwas Unwirkliches vermitteln (Beste Grüße vom Parthenon!), umringt von alten und graubärtigen Baumgiganten: lauter eindrucksvolle Monumente einer außergwöhnlichen Architektur sowie eines nach über tausend Jahren erneuerten ökonomischen Systems: der Sklaverei. Die Erneuerer nannten im Bewußtsein dieser Erneuerung ihre Söhne Homer und Horace, ihre Städte Ajax und Athens, doch der Makel unzeitgemäßer Unmenschlichkeit blieb. Allein auf dem Transport von Afrika in die »Neue Welt« verstarben letzten Zahlen zufolge zehn Millionen Neger; die Zahlen der lebend angelangten und hierorts verbrauchten sind unbekannt.

Im Anfang gab es noch keine Sklaverei.

»Mit der Tabakkonjunktur vom Jahre 1640 und dem dringenden Bedarf an Arbeitskräften begannen die südlichen Kolonien jedoch, die Vorteile und sogar ›Notwendigkeit‹ eines rechtlich begründeten Sklavereisystems zu erkennen, um ihr Wirtschaftswachstum zu sichern. Die Legislative von Maryland gab dem bereits Bestehenden Gesetzesform: schwarze Sklaven und solche, die in Zukunft importiert würden, sollten ›durante vita dienen müssen; und alle von einem Neger oder anderen Sklaven stammenden Kinder müßten, wie es ihre Väter waren, auf Lebenszeit Sklaven bleiben‹. Sexueller Verkehr zwischen Weißen und Schwarzen war verboten. Keinem Schwarzen war es erlaubt, Feuerwaffen zu tragen, und für das Verhalten im Alltag waren gewisse Beschränkungen vorgesehen. Die Regeln und Vorschriften für das Verhalten der Weißen und Schwarzen wurden in den Kolonialgesetzen schriftlich festgelegt, von den kolonialen Kirchen bekräftigt und in den ersten Universitäten philosophisch begründet. Was als wirtschaftliche Vorkehrung begonnen hatte, wurde zu einer komplexen Lebensweise. Weil die Sklaverei sich so erfolgreich auswirkte, wurde die Wirtschaft des Südens von ihr abhängig, nicht nur als Mittel zur Erzielung gewaltiger Profite, sondern später auch als Zweck an sich. ›Die Taufe‹, erklärte 1667 die Gesetzgebende Körperschaft in Virginia, ›ändert nichts an Knechtschaft oder Freiheit.‹ Das Christentum wurde den Zwecken der Herren angepaßt und dazu verwendet, die Versklavung der Afrikaner zu rechtfertigen, weil es nämlich deren heidnische Seelen rettete. Zur Zeit, da die Verfasser der Unabhängigkeitserklärung – von denen viele sich Sklaven hielten – das bis dahin liberalisierendste politische Dokument aufsetzten, das die Menschheit je gekannt hatte, lebten schwarze Amerikaner in dem bedrückendsten Polizeistaat, der jemals erdacht worden war. Weiße Südländer und auch viele aus dem Norden übten das Amt von Polizisten aus, die besonders beauftragt waren, die Schwarzen an der Flucht aus der Sklaverei zu hindern und sie, um Aufstände zu verhüten, ständig zu überwachen. Das 18. Jahrhundert heißt das Zeitalter der Aufklärung. Doch die bekanntesten Vorkämpfer der Aufklärung in Amerika waren Sklavenbesitzer, von denen manche auf ihren Pflanzungen genau das Gegenteil dessen taten, was sie in den Kolonialgesetzen predigten.« (Zitat aus ›Brüder, sollen wir uns unterwerfen? Die verleugnete Geschichte Amerikas‹ von Paul Jakobs, Saul Landau, Eve Pell.)

So wird Geschichte immer von großen Worten begleitet, hinter denen sich meist kleinere Motive verbergen; mehr als eine Faustregel: ein Gesetz und gültiger als der Dekalog, bewiesen von den sehr edlen Wohngebilden im Hintergrund, grün gerahmt, bewiesen von den unedlen Passanten, so schwarz wie die Gebäude weiß, und immer noch getrennt von den Schlössern aus dem Gebein ihrer Vorfahren und Väter. Würden sie überhaupt darin wohnen wollen? Wäre das denn ein Triumph? So spät?

Eine »Wiedergutmachung« so vieler Leiden ist unmöglich und, an nachfolgenden Generationen vollzogen, ganz sinnlos. Scheinbare, scheinhafte Gerechtigkeit: wirkliche bestünde darin, zu Lebzeiten der Opfer ihre Leidenschaffer fallen zu sehen, doch geschieht das derart selten, daß wir uns angewöhnt haben, von historischer Gerechtigkeit zu sprechen, sobald ein Prinzip einem anderen unterliegt, eine Schicht eine andere ablöst, Klassenwechsel statthat, aber individuelle Gerechtigkeit, nämlich eine spezifische für den einzelnen, kommt dabei kaum heraus oder doch nur zufällig, und sogleich wird dieser Zufall zum Paradebeispiel für eine Gerechtigkeit, die keine rechte ist.

Go west!

Außer der physikalischen Anziehungskraft der Erde gibt es die (weniger untersuchte) psychologische Anziehungskraft der Ferne und Weite auf dieser Erde. Auch uns erreicht der alte Lockruf: Go west!, und auch wir folgen ihm ungesäumt, komfortabler reisend als die Siedler in ihren Planwagen.

Kein Hinterhalt. Keine von Weißen unbetretene Landschaft. Kein jungfräulicher Boden. Keine Premiere, kein erstes Mal. Uns trägt der Highway zu jener Stadt, »bekannt von Film und Fernsehen«, wie es sonst nur von Stars heißt: El Paso; vollständiger, El Paso del Norte, der nördliche Paß über die Berge, aus der Perspektive Mexikos, wie ja gleichfalls der Rio Grande der große Fluß des Nordens ist: Rio Grande del Norte. Wie andre Grenzorte ist auch El Paso eine Doppelstadt oder Halbstadt, jenseits des tief eingeschnittenen Strombettes »Ciudad Juarez« genannt. Aber bis zu dieser Kenntnisnahme brauchen wir noch elf Stunden ununterbrochener Fahrt, und sind doch eben erst gestartet. Elf Stunden lang werden uns die blauweißroten Wappen des Interstate Highway begleiten: zuerst die Nummer 80 präsentierend, bald die Nummer 29.

Früher Morgen. Leblose Straßen. Austins Capitol-Kuppel im

Rückspiegel: fingernagelgroß, schließlich: nur noch eine abstrakte Größe, erinnerbar und nicht mehr. Schon fern die asymmetrische Stufung einer unfertigen Skyline. Ausfahrten zu kleineren Nebenorten, viele einander ähnlich: verfallene Holzdörfer, Western Towns, geteilt von breiter Hauptstraße, zu beiden Seiten Bretterbuden, hohe Podeste, weil damals noch kein Asphalt lag, der Sand bei Regen sich in Sumpf verwandelte; Geländer, die Pferde anzubinden; das Holz entfärbt, kein Anstrich je erneuert, schwer entzifferbare Aufschriften, verlassene Läden, zerbrochenes Glas; einziges Lebenszeichen meist: eine Autoreparaturwerkstatt. Irgendwann wird solch ein Ort vom näher rückenden Austin verschlungen. Man weiß es und repariert und restauriert darum nichts mehr. Auch könnte sein, daß Boden und Bruchhäuser bereits an anonyme Kapitalgesellschaften verkauft sind, die einstigen Besitzer weggezogen, die neuen auf den Anstieg der Bodenpreise wartend, und in der Zwischenzeit, dem ländlichen Interregnum, herrscht hier wie einst die Natur mit ihren Helfern Regen, Sonne, Wind.

Bebauung verliert sich. Die Prärie, bis an die Fundamente reichend, breitet sich ungehindert aus, in sanften Wellen. Windbeschliffene Felsenhäupter. Absinkende Plateaus. Ausgedehnte Flächen, bis zu den fernen, nun auftauchenden Bergen mit kniehohen Gewächsen bedeckt. Keine Veränderungen wahrzunehmen. Oder doch erst über einen längeren Zeitraum hin: die Berge aller Hintergründe werden höher und kommen näher. Die Prärie wird wüster: mehr und mehr entblößt sich der Boden, der Sand nimmt zu, die kargen Büsche ab. Und der Himmel, eine texanische Spezialität, fast ein gesondertes Kapitel wert, ist durch und durch azurgetränkt und (wie jeden Tag) von überwältigender Grenzenlosigkeit und grenzenlose Freiheit imaginierender Höhe und Ausgespanntheit. Starke Sonne, klares Licht, aber Kälte außerhalb der Karosserie. Hält man an einem Aussichtspunkt an, wird man von wehender Kühle umfangen und ergriffen.

Neben dem verkehrsarmen Betonband sind steile Felsen, geformt wie Schiffsaufbauten, aus dem Untergrund gewachsen, in Schichtungen von Brauntönen, als hätten sie sich alle paar Jahrtausende einen Ruck gegeben, von besagtem Himmel angezogen und um ihm ein Stück näher zu sein.

Mehr Bläue, mehr Berge.

Weniger Bewuchs. Brücken, unter denen Wasser fehlt, breite Betten voller Geröll und Schotter und vom einstigen Fließen geformter trockener Schlamm und Inseln, gebüschbedeckt, von nichts umspült, also keine Inseln mehr und im Wartestand: auf die Rückkehr des ihr Wesen ausmachenden Elements. Aber erst im Frühling kommt der Rio Pecos wieder.

Überqueren von Senken, Einschnitten, »Spurenfossilien« ausgestorbener Ströme, seit undenklichen Zeiten von der Wasserzuteilung abgeschnitten und nun mit Schild und Namen versehen, dem sich die Gattungsbezeichnung anschließt: »Canyon«.

Daß die Straße fortdauernd anstieg, ansteigt, verdeutlichen die Berge, eher schon Felsengebirge, indem sie ihren Abstand zu uns verringern; die dünnere und eisigere Luft detailliert ihr Gestein; und ganz genau weiß es der rechte Fuß: tiefer läßt sich das Gaspedal nicht treten. Das Licht verändert sich und verzögert das Bewußtwerden seiner Veränderung durch ganz langsamen Wechsel. Schatten fallen anders. Farben benehmen sich chamäleonartig. Und während der Reiseführer von »the primitive beauty of desert« spricht, die triviale und klischierte Grundlage seines »Schönheitssinnes« damit aufdeckend, erläutert die Wüste selber sehr genau und ausführlich zwischen steinernen Horizonten und in Zusammenarbeit mit dem Licht, was Schönheit sei, und dadurch, daß sie das Geheimnis überdeutlich und unübersehbar preisgibt, verleiht sie ihm überörtliche Gültigkeit, nämlich etwas Allgemeinverbindliches: es heiße Wechselspiel. Das Material kaum variiert, die Felsen recht gleichförmig, die Berge stets kahl und gezackt, Sand und niederes dürres Gestrüpp, und doch: welche Möglichkeiten! Die Felsen des Mittelgrundes sind am Morgen von matter Farbe gewesen, grau, und gingen über zum rostigen Braun des Mittags, bis der Sonnenabstieg sie dunkelpurpurn werden läßt. Die Berge des Hintergrundes treten im Laufe des Tages aus dem Dunst hervor, verlieren ihre leichte Konsistenz und wandeln sich zu lastend langgestreckten Körpern, deren kulissenhafte Zweidimensionalität nun ins Räumliche ausartet: ihre Flächigkeit wird aufgehoben vom Einfallswinkel der sinkenden Sonne, die ihnen tiefe Schattenfurchen zufügt, ihre zerrissenen Leiber sichtbar macht, ihnen Profil gibt, Rückenzacken, und ihre Basis ins Dunklere versetzt, so daß sie eine beinahe übertriebene Plastizität erhalten. Bald vergeht auch das wiederum, und sie fallen ins Flächige zurück, unwirklich koloriert wie auf gewissen, erstmals Landschaft darbietenden Gemälden der Renaissance. Wo die Berge sich mit der Erddrehung aber direkt gegen die Sonne erheben, um sie unaufhaltsam zu vereinnahmen, färbt der Vorgang sie schokoladenbraun, kaffeebraun, endlich schwarz, indes der Horizont, der bis zum Scheitelpunkt über der Autobahn reicht, gänzlich gelb und gelb leuchtend wird. Und sollte der Reisende Glück haben (und auch dies wäre *eine* wahrhafte Glücksdefinition), daß extra für ihn, nachdem die Sonne jetzt durch die schwarzen, nackten, scharfgezackten Kämme verdeckt ist, in dem anhaltend gelben Glanz eine sehr ferne und winzige Wolke entsteht, ein Gebilde aus dem Nirgendwo, so konzentriert sich in dem doch eindeutigen Naturprodukt überraschend etwas vom Leben, vom Dasein, von dem des Reisenden. Er sieht den leuchtenden Fleck, und ihm ist, als blicke er von diesem herab auf sich, der in einem kleinen blauen Auto die scheinbar endlose Bahn dahinzieht, die seit einer Weile wieder absteigt, hinein in die sich ständig verfinsternden Abtönungen von Blau, Violett und Anthrazit. Ein Moment absoluter Gewißheit, das ganze Leben sei Imagination. Selbst nach dem Zerfall solchen Augenblicks bleibt ein Bodensatz, ein Rest von berechtigtem Unglauben an die bekannten Realitäten. Sie könnten alle anders sein. Wie denn – anders? Eben: anders!

So erfährt der Fahrende Abenteuer, *erfährt* es im Sinne von Erlaufen, Erringen, Erwerben, und zwar eines eigener Art, wenn wir den Begriff auf seinen Ursprung »Wagnis« zurückbringen. Denn er, der Fahrende, hat sich ja, erlegen der Verlokkung, in die Weite und Ferne gewagt, die Sohle elf Stunden lang reglos auf dem Pedal, die Hände am Lenkrad, angeschnallt und richtungsstreng. Go west!

Ein minderes Wagnis, zugegeben, geteilt von Tausenden Zufallsbegleitern. Nicht jeder prallt mit einem Reh zusammen, mit einem betrunkenen Fahrer, der von der Gegenbahn abkommt. Keine verirrte Kugel eines Präriejägers. Die Prärie scheint ohnehin von Menschen aufgegeben, tierlos, die zweihundertfünfzig Millionen (250000000) Bisons, gebürtige Bewohner der späteren achtundvierzig Staaten, sind längst ausgerottet. Keine kampflüsternen Indianer, auch sie Teilhaber des Büffelschicksals. Nichts eigentlich, was die Bezeichnung »Gefahr« zu Recht trüge. Und doch: Wagnis.

Unser Wahrnehmungsvermögen reicht für einen Großteil Gefahren gar nicht aus; sie sind anonym geworden in der anonymen und auf Anonymität beruhenden Gesellschaft: verhängt wie Fatum: ein Produktionsfehler, und ein Reifen platzt oder ein Lenkgestänge versagt im kritischen Moment; oder man wird überfallen und beraubt, des Geldes, der Gesundheit, des Lebens; oder: ein defektes Kabel, und wir steigen in eine elektrisch geladene Badewanne oder gelangen nicht durch das vergitterte Fenster des brennenden Motels ins Freie. Alles das geschieht täglich beiderseits aller Highways.

Der Begriff »Abenteuer«, kritisch geprüft, erweist sich als Schemen, als pure Romantik, deren Voraussetzung das Happy-End ist, sonst wäre es kein Abenteuer, sondern für den es Erleidenden eine tödliche Tragödie. Abenteuer: verklärter Rückblick vom glücklich erreichten Ithaka (dank Athenes Assistenz) und durch die Optik einer alle Gefühle kommerziell ausbeutenden Unterhaltungsindustrie. Was wirklich gewesen, da wir von unserer exquisiten Straße auf den alten Trail sahen, der hier und dort nebenherlief, staubiger lehmiger Pfad, den die Siedler mit ihren schweren Karren in die Zukunft zogen, das war für die Betroffenen einstmals alles andere als abenteuerlich. Unfreiwillig, von wirtschaftlichen Miseren und Mißerfolgen gezwungen, kostenlos Land von der Regierung zu nehmen, zogen sie hier entlang durch die Hitze, verwickelt in Indianerkämpfe, ohne Wasser, ohne medizinische Betreuung, auf der Hut vor Klapperschlangen, Skorpionen, Ungeziefer, und am Ziel erwartete sie weder eine Ortschaft noch ein Feierabend, keine Urlaubsregelung, kein Theater, keine Kunst, keine Tagespresse, nur Mühe, Anstrengung, harte körperliche Arbeit. Die Besiedlung des Westens war ein Abenteuer, das keins war und von den Siedlern nie als Abenteuer (im heutigen Sinne) verstanden worden wäre. Es war ihr Alltag, nichts weiter.

Aber wir, auch wir, verdorben von den falschen Bildern einer fiktiven Vergangenheit, sehen entzückt vor den nun völlig verdunkelten Bergketten und inmitten ihrer Umschließung El Pasos Türme auftauchen, Banken und Versicherungen, das wissen wir schon, erleuchtet, Geflimmer der Stadt, auf die wir einschwenken, zusammen mit unzähligen Wagen, vergleichbar und wieder nicht vergleichbar einer unübersehbaren Herde, die auf diesen Ort zugetrieben wird, zutreibt, unsicher, wozu und warum. Kein Saloon mit Western characters, die uns vom Goldrausch und Indianermord und Grenzkrieg erzählen, erwartet uns, sondern La Quinta Motor Inn mit Klimaanlage, einer Eiswürfelmaschine vor der Tür (kostenlos für unsere Gäste), Dusche und Bad und Farbfernseher, der uns sogleich, nachdem wir die geeisten Gläser mit Tequilla gefüllt und Platz genommen haben, das große Abenteuer darbietet: Go west!

Nordwärts. Nach Santa Fe. Nach langer Fahrt. An einem Sonntagmorgen. Da rückten die Berge nah. Bis zu den seitlichen Parkstreifen der Autobahn (»only in case of emergency«) kamen sie zu uns heran: schon vor einer Weile. Jetzt sind sie um uns, wir mitten in ihnen. Aus verringertem Abstand deutlich: kahles schroffes Gestein, geschliffen gerundet geformt vom Wind der Jahrzehntausende, die hier wirklich wie ein Tag gewesen sind; ungleich den tektonischen Auffaltungen mediterraner Anlieger, abgeholzt seit der Antike für die Planken der Argo bis zu denen des Bukentauros. Aber hierorts sah's immer so aus, wie's aussieht; seit der letzten geophysikalischen Revolution: die ist lange her. Von jeder Flora entblößte Felswelt, inmitten welcher eine Ortschaft seltsamen Namens besteht: TRUTH OR CONSEQUENCES. Ein tägliches Quiz im Fernsehen trägt die gleiche Bezeichnung: Sag die Wahrheit oder zieh die Konsequenzen. Wer richtig antwortet, gewinnt.

Das grüne Quadrat des Ortseingangsschildes nennt weißschriftlich die Alternative, die uns eher erheitert, da wir, hungrig und durstig, Frühstückshoffnung hegend, im Schritt einfahren, Ausschau halten nach rechts und links, nach einem Restaurant. Doch die Mainstreet, die stracks durch diese wie durch alle Orte führende Hauptstraße, will schon wieder zu Ende gehen, uns in die steinerne Umwelt entlassen, bevor wir gestärkt worden sind. Menschenleere, verrammelte Läden, neu-mexikanisches Pompeji, Illustration zu dem Lied ›Einsamer Sonntag‹. Umkehren, die Hauptstraße zum Ortseingang zurück: dort war uns ein Motel aufgefallen, es ist immer noch vorhanden, man fährt aufs Parkrechteck neben dem V-förmig angelegten Flachbau, Miniapartment neben Miniapartment, um vom einsamen Manager in der Rezeption erneut das Prinzip aller Motels anstelle eines Frühstücks serviert zu bekommen: Es gibt nichts zu essen und nichts zu trinken. Gehn Sie gegenüber zu »Freddy's« ...

So wird der Betonfleck, gewißlich Patio geheißen, verlassen und direkt gegenüber auf dem Bürgersteig aus losem Schotter, Kieseln und Staub geparkt: vor »Freddy's« Schwingtür. Nach dem Eintreten dauert es eine Weile, bis eine ältere Kellnerin erscheint und mit vertraulichem »Hi, folks!« und offenkundigem Desinteresse an Gästen die Gäste begrüßt. War bereits der Eindruck eines im Dornröschenschlaf befangenen Städtchens seltsam, so ist »Freddy's« billig möblierter und verschmuddelter, Nahrung und Getränke verheißender Schuppen neben entsprechenden Gerüchen auch noch von der Atmosphäre des »Wirtshauses im Spessart« erfüllt. Verlorenheit und Unbehaglichkeit und gestockter Dunst, wie der in der Küche regenerierte, von dem wir nun erfahren, daß unser Frühstück in Arbeit ist und nach Fertigstellung von der grauhaarigen, bebrillten Parze gleichgültig vor uns hingestellt wird, als würde uns eine Gnade erwiesen. Wie wäßrig die Eier. Wie salzig der Speck. Nie war der dünne amerikanische Kaffee, den stundenlanges Brodeln in einer Maschine allerorts in braune Lauge verwandelt, derart dünn wie dieser: Hi, folks!

Im Hintergrund Gestalten: reden und schauen manchmal herüber. Wir bilden uns das jedenfalls ein, und draußen fährt mit rotierendem Rotlicht ein Unfallwagen vor: das Licht erlischt, der Fahrer im weißen Kittel steigt aus und mit ihm zwei ältere, ebenfalls weißbekittelte Weiblichkeiten, nachlässig und intim von unserer Kellnerin begrüßt: Hi, folks! Hier kennt jeder jeden: das ist die Wahrheit und Konsequenz des Bergnestes. Nur wir sind Fremde hier, und merklich fremdere Fremde als woanders. Oder kommen wir uns vor dieser Kulisse, vor diesen Leuten (woher kennen wir sie nur?) bloß so vor?

Während man mit dem pappigen Toast, durchsetzt von ziemlich auffälliger und zerflossener Margarine, das flüssige Eigelb aufnimmt, hält vor dem Schaufenster, in dem wir wie zum Verkauf ausgestellt sind, des Sheriffs Wagen, besternte Türen, eine Batterie Blinklichter und Sirenen auf dem Dach. Eine weitere umfangreiche Ansammlung schiebt sich aus dem Fahrzeug: ein bulliger Kopf, ein prinzipieller Bauch, ein Revolver, Ledergurt, Dienstabzeichen am Hemd, breitkrempiger Hut, dem Anschein nach von einem einfallslosen Regisseur stereotyp zusammengesetzt, tritt jetzt ein, klopft allen Anwesenden (außer uns) auf die Schultern: Hi, folks! Das Empfinden des Unbehagens verdichtet sich dermaßen, daß die Vorstellung aufdämmert, es gehe hier vielleicht wirklich zu wie in einem jener Filme, worin eine Ortsgemeinschaft, schuldhaft verbunden, das Verschwinden von Leuten aus ihrer Mitte ignoriert – falls nicht gar fördert! Würden wir jetzt vom Sheriff wegen irgendeines erfundenen Deliktes verhaftet und eingesperrt und nie wieder auftauchen, die Kellnerin leugnete gewiß, uns jemals bedient zu haben, die

Weißbekittelten hätten uns nie erblickt und der Motel-Manager uns niemals zu »Freddy's« geschickt. TRUTH OR CONSEQUENCES wiese keine Spur von uns auf, und darum zahlen wir rascher als gewöhnlich, ohne die braune Flüssigkeit bis zur Neige ertragen zu haben, und sind – nachdem wir die Blicke beim Hinausgehen in unserem Rücken spürten – erleichtert, als der Motor anspringt und der Wagen auf den Asphalt rollt und mit Vollgas aus dem Ort. Nach Norden.

Nach Santa Fe. Unter greller Sonne. Unter blauem Himmel, einem der mittelbaren Unheimlichkeit des kurzen Aufenthaltes widersprechenden Wetter. Und wieso war es also so?

Obschon wir in vielen anderen Orten unterschiedlicher Größenordnung Station gemacht, spazierengegangen waren, übernachtet hatten, kurzfristig gehaust, so sonderte unter allen anderen keine wie diese verlorene Ansammlung von Unterkünften etwas ab, was die Nerven in Alarmzustand versetzte. Trotz des Mangels an sichtlicher Gefahr oder an Bedrohung. Ob auf diesem Erdenflecken etwas Numinoses sich gegen uns gerichtet, dem wir aber, vom Instinkt gewarnt, entgingen, ist nichts als eine unbeantwortbare Frage. Summation optischer Signale vielleicht, dieser Kinoprodukte, die sich plötzlich potenzierten und das Gefühl des Bedrohtseins hervorriefen?

Aber befanden wir uns nicht an einem von diesen Orten, die doch alle auf ihre Art Dubletten sind? Oder war es nur der Name – und wir wissen, was die Namensgebung, die Benennung bedeutet –, welcher die sonst verborgenen Wesensbezüge zwar nicht sichtbar, aber ahnbar werden ließ? Das sind so die Fragen eines reisenden Scholaren auf der anderen Seite des Globus.

Santa Fe

Begleiter auf allen Straßen: das alte europäische Adelswappen, zumindest dessen ungekrönter Umriß, abgeleitet vom Turnierschild, doch ohne jeden heraldischen Inhalt, ausschließlich mit einer Ziffer ausgefüllt, weiß auf blauem Grund unter rotem

Dach: im Augenblick eine 28. Der folgen wir nordwärts und aufwärts.

Die Erde hebt sich weit unter unseren rotierenden Siebenmeilenstiefeln aus Kautschuk empor, wirft sich auf, um hinter der Hebung, hinter der letzten gebirgigen Auffaltung rundum weiß zu sein. Als wäre die Schneefallgrenze mit dem Zollstock berechnet worden: Fünfzehn Meilen vor Santa Fe mit dem Schnee anfangen! Der Straßenbelag selber ist frei von kristallinischen Schwierigkeiten, die Intensität der Sonne, die Farbe des Himmels indes sind unverändert. Bis auf die unerwartete Verpakkung der Höhenlandschaft ist alles beim alten in New Mexico, in dessen Hauptstadt schmelzende und schmutzige Buckel zu unserer Begrüßung auf dem Bürgersteig sich einfanden. Vom ewigen Sommer, von der unkontrolliert hingenommenen Natur der Westernfilme in seinen geographischen Kenntnissen manipuliert, verblüfft es den reisenden Landneuling, daß Santa Fe ein Gebirgskurort sein soll, ein amerikanisches Sankt Moritz etwa, rund siebentausend Fuß hoch in den Ausläufern der Rokky Mountains untergebracht. Skilifte ziehen sich aus dem Ort zu verschneiten Pisten. Wagen mit »Bretteln« auf dem Dach überall: die Wintersportsaison beginnt im »State of Enchantment«, im Lande der Bezauberung, wie sich New Mexico offiziell auf jedem Nummernschild selbst tituliert. Jeder Bundesstaat trägt (in Blech gepreßt) seine Selbstsicht wie ein Markenzeichen durch alle Gegenden: wir »The Lone-Star State«; das ist Texas und die Bezeichnung abgeleitet von der alten einsternigen Fahne der kurzlebigen Republik. Damit nicht genug, eignet jedem Bundesstaat auch eine Reihe selbstgewählter Symbole: eine Staatsblume, ein Staatsbaum, ein Staatsvogel und – wie könnte es anders sein – eine Hymne; all das, um sich innerhalb der Staatenvereinigung voneinander abzuheben, als täten dies nicht bereits sichtliche Umstände. Und die Unterschiede sind nicht nur natürlicher Natur, sondern auch sozialer: aus Texas kommend, ob nach Louisiana oder nach New Mexico, merkt man, man kommt in ein ärmeres Land. Straßen verlieren an Qualität, nehmen dafür an Polizeipatrouillen zu. Trotz der anscheinend und auf den ersten, aber wirklich bloß auf den ersten Blick alles nivellierenden oder vereinheitlichenden Zivilisation zeigen sich in der Nation nationale Unterschiede, die für den Fremdling schwer zu definieren sind: Atmosphärisches spielt eine Rolle, das Wesen der Einwohner, das in Texas beispielsweise von dem derer in New Mexico oder gar im Norden abweicht; ein echter Texaner, der eine Reise über die Grenzen seines Bundesstaates hinaus unternimmt, fühlt sich außerhalb seines Lone-Star-Schildes wie in einem etwas exotischen Ausland.

Nachdem ein eingeschneites Motel, von Gästen fast frei (bis auf einen Arbeiter, der morgens mit einem alten Wagen übers Eis davonrumpelt), unsere neue Unterkunft wurde, bummelten wir durch windfrische Stadtschneisen, rings indianische Relikte, primär der Baustil, auch der amtlichen Gebäude: Pueblo-Architektur, glatte Flächen, dekorlos, abgerundete Ecken und Kanten, alles sandfarben, dem österreichischen »Kaisergelb« sehr ähnlich; die ursprüngliche Technik: Holzkonstruktion, dazwischen Matten, die Außen- und Innenwände lehmverputzt und geglättet; Tragebalken von (flachen) Dächern oder Zwischengeschossen ließ man über die Außenmauern hinausstehen, daß nun aus den geglätteten Fassaden vertikale Reihen von eckigen oder behauenen Klötzen schauen; desgleichen am »ältesten Haus der Vereinigten Staaten«, seit achthundert Jahren Bestandteil der De Vargas Street, als es weder De Vargas, der 1680 einen Indianeraufstand niederschlug, noch die »Street« selber gab. Es ist der allerletzte Rest vom großen Pueblo de Analco, einer indianischen Ortschaft aus dem dreizehnten Jahrhundert nach Christo, erstmals von Weißen (keinen Touristen) 1541 erreicht und bestaunt. Daß dieses eine einzige Haus überdauerte: kein Zufall. Zur Residenz eines Franziskaner-Missionars ernannt, schirmte die fragwürdige Weihe des den Eingeborenen geraubten Gebäudes dieses doch als ein unsichtbarer Schutzanstrich gegen historische Unwetter. Die Enteigneten übrigens hocken in Gestalt ihrer Nachfahren unter den Arkaden des Palacio Real, des spanischen Gouverneurspalastes, und breiten auf Tüchern ihr Kunsthandwerk aus: meist Schmuck und fast immer Türkise, in Silber gefaßt, beide Materialien aus den umliegenden Bergen, teurer jedoch als die gleichen Stücke im Indian Trade in New York: hier gelten Touristenpreise.

Der Gouverneurspalast selber, ein langgestreckter Flachbau ohne Obergeschoß, bildet eine der vier Seiten der Plaza, des zentralen Platzes, denn Santa Fe – wie immer ihr ausgelöschtes indianisches Grundmuster gewesen und heute ihr bunt-amerikanisches Aussehen sein mag – ist eine im und aus dem siebzehnten Jahrhundert importierte Kleinstadt. Daher: ein Zentrum; daher: zentrale Verbindung von Herrschaft, Handel, Handwerk: Echtheitssiegel klassischer Urbanität, kaum durch spätere Verbauung und eigentlich nur durch völlige Zerstörung zu beseitigen. Moderne Städte kranken am Fehlen des Zentrums, geben sich trotzdem manchmal den Anschein solchen Besitzes, doch diese Einbildung (oder Vortäuschung) wird stets von Öde und Lebensleere (solcher Anlagen) lautlos widerlegt.

Erwachen. Aufwachen. Aus dem Schlaf kommen. Wiedergeburt. Rückkehr aus der Bilderwelt selbsttätig gewesener Hirnzellen. Aus der unverlierbaren in die noch anzueignende Realität, in die genormte Umgebung: Hotelzimmercharakter; hoch an der dunkel tapezierten Wand übereck der Fernseher. Der Vorhang: ihn aufziehen. Statt der blendenden Sonne von gestern: ein Schneesturm. Unser Auto vorm Fenster wirkt wie die kindliche Kopie eines Wagens in Schneemannmanier. Eine sichtbar schwere und gefüllte Wolkendecke hängt höchstens zwanzig Meter überm Dach: daher sind die Flocken so riesig, sie fallen nicht tief und haben es nicht weit vom Fabrikationsort. Der Arbeiter mit seinem Auto ist verschwunden, entweder zur Arbeit oder in südlichere Gefilde, seine Reifenspuren sind verweht, ade, wer weiß, ob wir uns wiedersehen, zwar nicht am grünen Strand der Spree, aber an dem felsigen des gefrorenen Santa Fe River.

Erster Gedanke (noch vorm Frühstück): Wie kommen wir bloß wieder von hier weg?! Und: Der Schnee hätte uns warnen sollen. Und: Wir sind ja schon in Austin gewarnt worden, die Jahreszeit sei kritisch. Die Wetterkarte (aus Müdigkeit) gestern abend verpaßt – also: Wie kommen wir aus der Wetterfalle heraus? Der Meteorologe auf dem Bildschirm pocht mit seinem Zeigestöckchen auf die Handbreit zwischen Colorado und unserm Motel und sichert uns Thunderstorms und schwere Schneefälle zu. Beunruhigende Witterungsphänomene werfen ihre elektronischen Schatten voraus.

Also: wie kommen wir wieder nach Hause? (Wobei solche Benennung unverhofft und unüberlegt einen Fleck zeitbegrenzten Aufenthaltes zum Zuhause erhebt. In fremderer Fremde, eingehüllt in unabsehbares Gestöber, voller Ungewißheit über den Ausgang der Situation, wertet sich im Rückempfinden das Durchschnittsapartment in Austin auf, und der Fensterblick zum Capitol der texanischen Kapitale nimmt den Schein von Heimat an.) Nach Hause, aber wie? Obschon Schnee und Sturm das Heimfahren verhindern, lösen sie doch zugleich Tatendrang aus, den Überlebenswillen (großspurig gesprochen).

Wir, Kinder anderen Klimas (an *unserer* Golfküste sind wieder dreißig Grad im Schatten, wie wir sehen), wischen und fegen und schaben die kalte Verkleidung vom Fahrzeug, starten und kriechen über glatte knirschende Schichten aus der Moteleinfahrt in den kriechenden Verkehr. Die Scheibenwischer werden mit der Belastung durch das wie aus Tonnen und aber Tonnen gekippte Naturereignis nicht fertig. Schlechte Sicht. Endlich rechter Hand ein Einkaufszentrum. Denn den Kreis des ersten Gedankens durchbrach rasch ein zweiter: Wovon leben wir, schneien wir im Motel, in der Stadt, in den Bergen ein? Panik ist immer nahe. Es wäre möglich, wir kriegten das Auto nicht mehr unter dem Schnee vor – in Motels, wir erinnern uns, gibt's nur heißes Wasser zum Duschen. Ergo: wir müssen uns eindekken, versorgen für allfällige Katastrophen.

Vor dem Supermarkt hat sich der Flockenfall gemäßigt, hört beinahe auf, trotzdem: in großen braunen Packpapiertüten verstaut man Butter, Käse, Wurst, Ölsardinen, Lebensmittel aller Art, bis auf Bier, Bier gibt's nicht hier, wo gibt es Bier, Bier bekommen Sie – diskreter Wink – nebenan im Liquor Store, weil man ein gespaltenes Verhältnis zu alkoholischen Getränken hat. In keinem Restaurant, zu keinem Essen wird im State of Enchantment Bier oder ähnliches Gift serviert: ausschließlich Kaffee und Eiswasser. Und Schnaps wird einem, als kaufe man etwas gänzlich Ungehöriges und den Blicken andrer Anstößiges, in neutralen Verpackungen dezent überreicht: im dafür vorgesehenen Laden, wo der in Schneeängsten befindliche Kunde sogleich außer zwölf Büchsen Bier eine große Flasche Tequila kauft: gegen Erkältungs- und andre Gefahren.

Am nächsten Morgen, da die Vorräte angebraucht, Büchsen leer und die Frühstunden sonnig sind, bricht vom sich schließenden Himmel während eines Stadtganges erneut Schnee herunter. Wechselbad: von Geschäft zu Geschäft, vom Wirkungsbereich der einen Klimaanlage zum nächsten, zwischendurch die Unsichtigkeit wilden Gequirls. Vom indianischen Kitsch (aus Hongkong) und echten indianischen Handarbeiten zum chinesischen Essen (mit grünem Tee) und mexikanischen Mahlzeiten (mit Kaffee) – bis man im Bett landet, vor der leuchtenden Wetterkarte und von ihr auf neue Schneefälle vorbereitet wird. Der Nacht folgt, dem Vorangegangenen gemäß, ein früher Morgen ohne Flocken, Initiator schnellen Entschlusses: Jetzt oder nie! Abfahren, ehe es aufs neue losgeht.

Und an der letzten oder vorletzten oder vorvorletzten Tankstelle (es kommt immer noch eine allerletzte) von Santa Fe die vorsorgliche Frage an den Benzinschenk: wie der Straßenzustand sei.

Bis Albuquerque wäre die Straße geräumt worden – keine Sorge! Und schon zieht uns Band Nummer 25 (seitwärts von mittelalterlicher Heraldik begleitet) aus jener Stätte und von ihr fort, auf die uns einen Reim zu machen ziemlich schwerfällt. Und wie der Text anhob, indem er die Erhebung berief, sich steigernde steinerne Auffaltungen, so kehrt er nun mit den Schlußsätzen in die schneelose Umwelt zurück, denn hinter der erwähnten Wetterscheide und langsam von den Höhen absteigend, liegt kein Weiß über den erdigen Farben. Die graue Wolkendecke bleibt zurück, die Sonne hat uns wieder, zusammen mit der restlichen Menschheit, von der wir abgeschnitten zu werden fürchteten, obwohl wir sie unter anderen Umständen gar nicht vermissen.

Acoma

In der zweiten Woche des Monats August 1540 erscheint Kapitän Hernando de Alvarado mit zwanzig Soldaten in der Himmelsstadt, ausgesandt von Francisco Vasquez de Coronado, der selber nach den Sieben Städten von Cibola fahndet, auf der endlosen und einzigen Suche der Conquista: nach Gold. Nur mit Genehmigung der Bewohner, der Acomas, betritt Kapitän Alvarado den hoch über der Erde gelegenen Ort, die ins Gestein gesprengte Auffahrt, mindestens achtundzwanzig Prozent Steigung, etwas für den ersten Gang, fehlt noch, genauso wie das Büro der Verwaltung: es kassiert 1,50 Dollar Eintritt, 1,00 Dollar fürs Fotografieren und 0,25 Cent fürs Parken. Alvarado zahlt nichts, erhält gar Geschenke, wird gastfreundlich aufgenommen, keiner von den Acomas ahnt, dieser Besuch sei der Anfang vom Ende ihrer Selbständigkeit. Sie vertrauen fest auf den Felsen, Basis ihres mächtigen Pueblos, zu dem nur ihnen bekannte Stufen aufwärts führen. Aus dem Schotter und Sand des Wüstentales steigt ihr Sicherheitskoeffizient über einhundert Meter auf, und diese hundert Meter liegen noch einmal zweieinhalb Kilometer über dem Meeresspiegel, von dem, heiße er Atlantik oder Pazifik, man hier gleichermaßen weit entfernt ist. Von der Landung weißer Männer und ihrem bisherigen Verhalten: keine Ahnung. Daher der freundliche Empfang.

Alvarado, erster weißer Gast des seit vorchristlichen Zeiten bebauten Plateaus, gibt Bericht an Coronado, und dieser setzt den spanischen Vizekönig in Mexico City ins (für Spanien) betrübliche Bild: Büffelhäute, Rehleder, Mais, Bohnen, Kürbisse, Truthühner seien wohl vorhanden, auch Türkise, doch kein Edelmetall. Der Indianer Häuser, Exzellenz, sind zwei- und dreistöckig, in den unteren Geschossen die Vorratsräume, die oberen zum Wohnen, aber alles ohne Türen, Einstieg über Leitern von oben: dem Sicherheitsbedürfnis entsprechend: ich nenne das ganze Gebiet »Das Königreich von Hacus«, weil die Acomas mit Hacus das Land bezeichnen, seit Menschengedenken von ihnen bewohnt: im künftig, also heute, leeren Tal leben in vielen Dörfern Acomas rund um die Hochstadt, Burgstadt, Felsenfeste, Alt-Acoma, das schützende Zentrum einer ackerbautreibenden und viehhaltenden Population. Exzellenz: fünftausend Wilde hausen da oben, berühmt als Krieger und gefürchtet bei allen anderen Stämmen. Die Gegend ist von hohen Bergen eingeschlossen. In zirka vierhundert Jahren würde ich eine Luftaufnahme beigefügt haben, damit die Anlage aus der Adlerperspektive zu zeigen. Bis auf die spätere Auffahrt, die Kirche, den »Eselspfad« oder auch »Patres Pfad« und die »Neuen Stufen« gäbe es keine Veränderungen, will man davon absehen, daß nach solch langem Zeitablauf die Indianer dem irdischen Elend näher sein werden als vor ihrer Entdeckung, freilich auch ferner dem himmlischen Reich, zu welchem – in seiner katholischen Form – sie erst noch bekehrt werden müssen, werden, worden sind. (Im übrigen: mit mäßigem Erfolg; nämlich: während christlicher Feste ist der Pueblo zur Besichtigung offen, während indianischer streng geschlossen.)

Vorher jedoch der übliche Vorgang: die »Strafexpedition«. Nach erneuter spanischer Visite militärischer Art ein kriegerischer Zwischenfall. Flucht der Spanier, manche stürzen über die Felsen ab, Tote bleiben auf dem Platz, dann: Rückkehr in Streitmachtumfang. Das Gefecht dauert drei Tage. Sechshundert bis achthundert Acomas springen in die Freiheit des Todes von ihrem Felsen. Der ganze Pueblo wird zerstört. Achtzig Krieger, fünfhundert Frauen und Kinder ziehen in spanische

Gefangenschaft. Für dreißig Jahre kommt keine Nachricht aus der verwüsteten Himmelsstadt, die so dicht unter dem eindringlichen und dunklen Azur ihrer Höhenlage ruht. Doch eines Tages taucht ein Franziskanerpater Juan Ramirez vor dem einsamen Monument auf, und es entsteht die erste neue Meldung in Form frommer Legende: Indianer – das Plateau ist erneut bevölkert – lauern verborgen, »um Felsen auf ihn zu werfen und Pfeile auf ihn zu schießen, falls er ein Feind sein sollte; in der Aufregung fiel ein Kind dem Juan Ramirez in den Weg, und er brachte das Kind lebend und unverletzt zurück und war nun willkommen. Er half den Ort wiederaufbauen, und während der nächsten zehn Jahre wurde die Kirche gebaut, der Konvent, der Friedhof . . .«

Die Besiegten, aber noch Wehrhaften, die Unterlegenen, aber nie regelrecht Unterworfenen unterliegen nun – doch auch das nur bis zu einem gewissen Grade – einer anderen Macht: der Ideologie. Dafür schlagen sie dreißig Meilen nordwärts in den Bergen Holz für den Bau. Dafür schaffen sie die Tonerde auf den (dafür) neu angelegten Pfaden nach oben, dem Himmel, einem gewandelten Himmel, entgegen. Der Friedhof: ein zweihundert Fuß umfassendes Quadrat, aufgefüllt mit aus dem Tal geholten »Dirt« (Kot, Schmutz, Dreck, Staub, lockere Erde, wie Langenscheidt meint), und nicht nur wegen der Vieldeutigkeit des Wortes, eher wegen des Aussehens, das kaum lockerer Erde gleicht, assoziiert man etwas wie Kot, nicht im Sinne des Ausgeschiedenen, sondern in dem des altfränkischen »Straßenkots«, was da trocken und bräunlich und staubig als eine Art Trockenschlamm (wartet, bis es regnet) den Felsen und die Toten deckt.

»Dirt! Dirt!« ist jedes zweite Wort der kleinen alten Indianerin, die, eulenäugig durch die große Brille, als geduldige Führerin an diesem eiskalten Vormittag fungiert. »Dirt!« zirpt sie vogelartig, mit ihrem Zeigefinger auf die Kirchenwände weisend oder auf die Backöfen, kleine Tumuli, neu und prähistorisch zugleich und immer noch und schon wieder benutzt: drinnen wird auf heißen Steinen das Brot gebacken, sobald das Feuer niedergebrannt und die Asche ausgeräumt ist. (Ihnen gegenüber wirkten die weitaus älteren Backöfen in Pompeji wie supermoderne Einrichtungen.)

Im unerwartet großen Kirchenschiff, Versammlungshalle außerdem für weltliche Feste und Veranstaltungen, der Boden: nichts als Dirt, die Wände, geglättet, abgerundet, eckenlos,

Dirt! Dirt!, und die Malerei der Altarwand, alttestamentarische Szenerie, bunt und naiv und voll Inbrunst und Kunstfertigkeit und Kunstsinn, deckt den Dirt, ist auf ihn aufgetragen und in ihn eingezogen. Kein Schmuck. Armut: draußen wie drinnen. An der Längswand ein Christus, das Haupt »voll Blut und Wunden« tief vornübergeneigt, das Gesicht völlig verbergend, langes schwarzes strähniges Indianerhaar hängt über die halbe Skulptur hinab, wie ein gekreuzigter und hier angenagelter Liliputaner indianischer Rasse, so scheint es, so unheimlich und ungewöhnlich sieht dieses Kruzifix aus: Den brachte uns ein Priester aus Mexiko, zwitschert die alte Frau und weist, schon vorm Haupttor, auf den Friedhof direkt vor uns: Dirt!

In einem Friedhofs-Baedeker erhielte der hier drei Sterne: für besondere Tristheit und Trostlosigkeit. Hügellos die Gräber, die Toten flach im Dirt, über ihnen Holzkreuze, einst bemalt, nun entfärbt und zerbrochen, ebenfalls entfärbte Bänder wehen, Abfallpapier, windgetrieben, flattert zwischen den Verstorbenen umher, und Hunde pinkeln hier und da an ein Kreuz oder einen grablastenden Stein, ehe sie zu dem Besucher zurückkehren, ihre warme Schnauze in seine herabhängende Hand zu stoßen: Streichle mich!

Den gleichen weiten Blick: vor uns Alvarado über das weite Tal und die fernen Berge, näher gerückt durch die Höhenluft und wie geschnitzt, mit einem feinen Stichel sorgfältig, doch sinnlos durchgearbeitet: berührungsnah. Sehr grelle Sonne in sehr dunklem Blau. Die Wasserlöcher gefroren: dicke Eisschichten darüber. Und plötzlich und ganz unverhofft, da keine Reklametafel für irgend etwas wirbt, keine Schriften zum Essen, Trinken, Kaufen, Fliegen, Tanken, Leihen, Verbrauchen auffordern und kein Motor, keine Maschine, keine Technik einen Ton dazu sagt, befindet man sich in einer anderen Welt: in der präkolumbianischen. Man ahnt: so war es hier immer, seit Anbeginn der Zeiten. Getrocknete weinrote Chillis an den braungrauen Wänden. Gläsern wirkende Maiskolben. Feuerholz, steinfarben und geborsten durch Hitze und Kälte: das verbrennen sie mitten in den winzigen Räumen, die niedriger als ein aufrecht stehender Mann sind, und wärmen sich daran seit Millenien die Hände, Euer Exzellenz.

»We restore the old houses«, ruft die Indianerin, mit Dirt, aufgeweicht in Wasser; dann schweigt auch sie, und wir alle verharren reglos unter einer Kuppel aus hörbarer Lautlosigkeit, deren abdichtender Rand mit den Gebirgszügen rundum die Geräusche ausschließt.

Und kein Vogellaut? Nein, kein Vogel. Hundegebell? Hier hat kein Hund gebellt. Aber da müssen doch Menschen wohnen und tätig sein?

Sogar: dreitausend. Diese waren vertreten durch zwei junge Mädchen im Büro und zwei junge Frauen, frierend vor ihren Häusern, gebrannte Tonware feilhaltend für die beiden einzigen Touristen des Tages. Und durch die alte Frau natürlich.

Kein Laut?

Eine Stille, die einem zustößt wie ein Gewinn, wie ein Geschenk, aber wie eines, das man nie mehr verliert. Im Lande spektakulären Lärmens ist die Stille ein Wunder, und falls man auf die nun vorliegende Luftaufnahme, auf die völlig geometrische Konstruktion der Ortschaft schaut, weitet das Wunder sich aus, indem Erinnerung an andre Luftaufnahmen hinzutritt: Massadah sah so aus, Pompeji, Ostia antica, Babylon, Theben, Tiryns, Knossos, stets die gleiche Rechteckigkeit vieler Rechtecke, Straßenraster, Wegemuster, Identität allen frühen Menschentums. Aus der Ferne gesehen erscheint Sky City dem ins Phantasieren geratenen Beschauer wie eine an der Ägäis verschwundene und hierher verlegte archaische Stadt. Sah nicht Ithaka so aus, da sich ihr Odysseus mit seinem Gebrauchtwagen im vorgeschriebenen Tempo von zwanzig Meilen pro Stunde auf dem reifenmörderischen Schotter näherte? Im Gegensatz zur europäischen lebt die amerikanische Antike noch, obwohl in Lautlosigkeit: diese ist das deutliche Schweigen derer, die zum Schweigen verurteilt wurden über Epochen hin, und darum geschieht es, daß in diesem Schweigen Geschichte schwingt: unhörbar, unüberhörbar.

White Sands

Weiß in weiß. Als sei die Landschaft erfolgreich mit einem Waschmittel behandelt und danach noch extra gebleicht worden. Weißer geht's nicht im National Monument White Sands, wo die Wüste nicht aus Sand, obwohl so genannt, sondern aus

Gips besteht. Dünen auf Dünen, weithin gewellt, wie getrockneter Schnee. Über dreihundertfünfzig Quadratkilometer: »so weit das Auge schweift«, und in diesem Schweifbereich eine unirdische Erscheinung, Betonung auf Erscheinung, gedenkt man der von der Fee Morgana hervorgerufenen Luftspiegelungen. Alle utopischen Märchen von Jules Verne bis Arthur C. Clark verlebendigen sich vor dieser expliziten Fremdartigkeit und versetzen den durchs Weiße Stapfenden glaubhaft auf einen anderen Stern.

Überhaupt: dieser Teil New Mexicos trägt in und auf seiner Kahlheit und Kargheit, in seinem Wüsten- und Felstum unübersehbare Male von Science fiction, und zwar mit der gleichen Selbstverständlichkeit und Banalität, wie diese Literatur sie beschreibt. Auf dem Paß, dem San Augustin Pass (5719 Fuß) auf der Bundesstraße 70/82, angelangt, rollt man mit dem Gefälle auf eine riesige wachestehende Rakete mitten in der Hochgebirgswelt zu: eines jener frühen, präinterkontinentalen Flugmonstren, unter dessen Flossen eine Tafel am Sockel anzeigt, was man drunten im Tale, bezeichnet als »White Sands Missile Range«, besichtigen könne, und das ist wohl so ziemlich alles, was man da unten erkennen kann: helle Globen von Radarstationen, Abschußbasen, gewaltige, von oben winzig erscheinende technische Konstruktionen, den Tagträumen einst zukunftsfroher Phantasten entstiegen, irreal durch den Kontrast zur Gegend, die den Anschein eines nachmenschlichen Stadiums macht: die Herren der Schöpfung, nachdem ihnen die Unbewohnbarmachung der Erde gelang, sind ausgestorben, unter Hinterlassung sinnlos funktionierender Apparaturen: dieser thematische Topos unzähliger Geschichten – von hier stammt er her; hier wird er glaubwürdig. Um höchstpersönlich nicht unerwartet auszusterben, empfiehlt es sich, auf der Autokarte einen Kleindruck in roter Schrift zu beachten: »U. S. Highway 70/82 zeitweise wegen Schießübungen geschlossen«.

Eine Kniffalte in der Autokarte weiter wurde die erste Atombombe gezündet: nördlich der Gipswüste und etwas östlich von den drei Worten »Jornada del Muerto«, der »Totenreise« – bereits vor dem weltverändernden Test so benannt und möglicherweise eine Einladung an Militärs und Physiker, das sich anbietende Symbol voll zu nutzen. (Wobei der alte Name wahrscheinlich nur eine Durststrecke für reisige Ansiedler meinte; aber der zweifelhafte Zufall bedient sich gern alter Begriffe für neue Bedeutungen.)

Die Entfärbung des National Monuments jedenfalls ist keine Folgeerscheinung des berüchtigten Knopfdruckes. Vor Millionen Jahren geschah, was den Touristen in Kindlichkeit zurückfallen läßt. Zwanzig Meter hohe Dünen, weich und wenig Halt gebend, werden unter heiterer Mühsal erklommen, immer wieder abrutschend, bis man auf der obersten Fläche seinen Namen in den Sandgips oder Gipssand pflügt, zehn Meter lang, damit die rötlichen Gebirge oder der gegen das Weiß besonders blaue Himmel ihn auch lesen können. Nach zehn Minuten ist er verweht, um an diesem Platz, trächtig von Gleichnissen, ein weiteres anzubieten: Bedenke, daß du auslöschbar bist. Dies tut mit unserem privatesten Eigentum vorerst der Wind, Arbeiter im Dünenberg des Herrn, sinnlos die weißen Anhäufungen von hier nach dort schaffend, damit selbst in der Einöde das Grundelement des Lebens erkennbar bleibe: die Bewegung. Wer längere Zeit hier lebt, ein paar Zehntausend Jährchen, wird zum Albino wie die Eidechsen: Paradebeispiel gelungener Anpassung.

Auf den ersten Meilen des Weges entsprießen noch Kakteen und Riesenyuccas und andere zähe Gewächse dem Boden, dann hört der Bewuchs auf. Man trödelt im zweiten Gang ins »Heart of Sands« auf einer Straße, von Asphalt in festgefahrenen Sand übergehend, soeben frisch von einem Schneepflug geräumt: er hält die sechzehn Meilen des Round Trip von dem instabilen Material frei. Vorm Wandern während eines Sturmes wird gewarnt: die Orientierung gehe leicht verloren. Daß überhaupt etwas wächst, daß es Pflanzen gelingt, sich in dieser die Sonneneinstrahlung besonders stark reflektierenden Wüste zu erhalten, demonstrieren einige ihrer Doubles im Besucherzentrum: sie bilden eben um ein Vielfaches längere Wurzeln aus als andere Pflanzen anderswo, um sich aus großer Tiefe mit dem Lebensnotwendigen zu versorgen: tröstlicher Anblick, grünendes Beispiel, blühendes Gleichnis.

Die Natur selber, wie wir auch mit ihr umspringen, Muttermörder, verrät dem Betrachter doch, er sei nicht verloren, wie sehr auch begraben unter den wachsenden Schichten dessen, was seinen Idealen entspringt und manchmal auch eher gipsern wirkt. Genug und fort aus solcher Umwelt, die insgesamt und im Detail andauernd auf andere Zusammenhänge verweist: was für ein seltsamer weißer Fleck auf der Landkarte; glücklicherweise nur auf der von New Mexico.

Noch für unsere Großeltern wäre Gipfelpunkt des Lebens gewesen, was heutzutage jedermann selbstverständlich vorkommt, auch wenn diese Selbstverständlichkeit ihre Tücken hat: ich rede vom Fliegen. Aufregend und beängstigend zugleich, alltäglich und doch unheimlich: daß dieses Gerät sich in die (balkenlose) Luft erhebt; daß man damit (hoffentlich) am Zielort ankommt. Daher die stetig wiederkehrende Spannung vorm Starten oder Landen, dazwischen die Faszination des seltenen Blickwinkels. Über dem Atlantik sieht das Auge sich rasch müde; drunten das Immerselbe, durchgehend grau, manchmal wolkenverdeckt, manchmal von Sonnenreflexen belebt.

Wie aufregend dagegen war das Einsteigen, Begrüßtwerden im ovalen Tor durch uniformierte Mädchen, das Platznehmen, das niemals völlig zu verstehende Gequake aus dem Lautsprecher, das Aufleuchten von Schrift: NICHT RAUCHEN! ANSCHNALLEN!, und die langsame Fahrt, schwerfällig, schwankend zur Startbahn, Einschwenken auf die gerade Piste, Aufheulen der Düsen und das Anrennen gegen den Widerstand der Luft. In den Sitz gepreßt vom Andruck, erblickt man eine sich beschleunigende Betonstrecke, schneller und schneller rollt sie unter dem Rumpf ab, und ohne daß man den Moment merkte, sinkt sie auf einmal nach unten weg: man fliegt.

Falls man diesen Vorgang am 5. Dezember in Austin vollzog, ist einem vorm Abheben ein halbnacktes Baby nebst Milchflasche von einer Chicano-Frau in den Arm gedrückt worden, indes die Mutter sich in aller Gemütsruhe eine Zigarette anzündet. Texaner in Hemdsärmeln demonstrieren, daß auf diesem Kontinent das Flugzeug den Autobus ablöst oder schon abgelöst hat. Nach fünfundzwanzig Minuten: Landung in Dallas. Die junge Frau nimmt ihr Baby zurück, die Hemdsärmler ihre großen Hüte, ihr einziges Gepäck, aus der Ablage, ohne erkennen zu lassen, daß sie eben noch an einem Wunder teilgenommen, und ohne zu erkennen, daß, wer es vor nur einigen Generationen zu einer Zukunftsmöglichkeit erklärt hätte, als Ketzer oder Satansknecht verbrannt worden wäre.

Noch zu Anfang des neunzehnten Jahrhunderts lehnte man den Bau und die Benutzung der Eisenbahn mit der »wissenschaftlichen« Begründung ab, bei einer derart ungeheuren Geschwindigkeit von über sechzig Kilometern in der Stunde müßten die Passagiere ersticken. Bis dahin war das allgemeine Reisetempo maximal fünfundzwanzig Stundenkilometer gewesen: das der Postkutsche. Mit der kam man zwar auch ans Ziel, aber, wie Zeitgenossen berichteten, durchgerüttelt, gerädert, halb krank, halb tot. Doch damit sich der gegenwärtig Reisende nicht frevelhaft überhebe, streut ein regressiver Kobold Sand ins Getriebe reibungslosen Schnellreisens, Wirkungen auslösend, deren psychische Ergebnisse schwärzer sind als der Bruch einer Kutschwagenspeiche, als das Lahmen eines Zugpferdes.

Umsteigen in Dallas, wie der Computer im BRANIFF-Büro zu Austin es befahl: in grün glimmenden Buchstaben teilte er dem Reisenden die Fixpunkte seines Eintagsweges von Austin nach Iowa mit: DALLAS – KANSAS CITY – CEDAR RAPIDS. Ab Dallas 10.00 a.m. Aber der Schalterbeamte in Dallas, hilfsbereit, bemüht, mehr als das Angeordnete zu tun, schickt die Reisenden zu einer Maschine, die schon um neun Uhr nach Kansas City abgeht: Sie gewinnen eine Stunde und können vielleicht die Stadt besichtigen! Schnell, schnell, es ist schon zwei Minuten vor neun. Hetzjagd zum nächsten Tor. Sprint durch das quadratische Teleskop, das sich gleich vom Rumpf, in dem eben die letzten beiden Passagiere verschwinden, zurückziehen wird: Don't smoke! Fasten your seatbelt! Noch atemlos, folgt man allen Aufforderungen, von denen die erschreckendste stets die zur Aufmerksamkeit ist, sobald in zwölf Kilometer Höhe eine Stewardess die Rettungsweste vorführt und demonstriert, was man bei Druckabfall in der Kabine zu tun habe: da klappen Sauerstoffmasken über den Sitzen heraus, hier bitte, die nehmen Sie dann vor den Mund, so ... Obwohl auf erneute Vorführung des Unbehagen bereitenden Vorganges eingestellt, bleibt die negative Erwartung unerfüllt. Nichts geschieht. Ist was geschehen? Was ist geschehen?

Die Startzeit ist längst vorüber. Dafür setzt die Phantasie den Hobel an: Bilder von soeben entdeckter Bombe, drohender Explosion, von Entführern überwältigter Mannschaft tauchen auf: alle bisher genossenen Lesefrüchte vom Baum der Tagespresse. Krächzen im Lautsprecher: der Kapitän meldet sich, keine Besorgnis, wir haben Probleme mit der Vordertür, es werde erst einmal das Frühstück serviert!

Zwei Reisende jedoch, die sich klar sind, mit dem Einstieg in eine nicht für sie bestimmte Maschine das Schicksal herausgefordert zu haben, ziehen reumütig und frühstückslos aus dem Flugzeug ab, um das für sie gebuchte um zehn Uhr zu besteigen. Ein leerer Schalter, ein verschlossenes Tor, Sessel, Tische, Warten. Langsam erscheinen die anderen Passagiere, frühstückszufrieden, hinauskomplimentiert, umgebucht auf die Zehnuhrmaschine: das Frontdoor ließ sich nicht mehr reparieren. Man sitzt herum. Man läßt sich von einem weltberühmten Gitarrensolisten – er macht gerade eine Tournee durch die Staaten, den Namen hat man in vierzehn Tagen vergessen – ein Autogramm geben, das, findet man es zu einem späteren Zeitpunkt daheim, durch seine Unleserlichkeit nichts mehr besagt. Man sieht in Gesichter, die man nie wiedersehen wird, weil, falls man sie wiedersehen sollte, sie doch wie niemals vordem erblickt erscheinen. Die Beliebigkeit wird zur Grunderfahrung. Müßte man nicht Grauen empfinden, daß man, dem Aufruf folgend, nun Gate five zu passieren, füreinander weniger bedeutet als das Menü, serviert über den Wolken, das länger in den Gedächtnissen bleibt als vom Nachbarsitz des Menschenbruders Habitus: es war eine Enchillada. Und der Whisky kostete einen ganzen Dollar pro Person: Jack Daniels Bourbon.

Im Gegensatz dazu war die Postkutsche ein rollendes Zentrum menschlicher Kommunikation, eine bewegliche Basis zwischenmenschlicher Beziehungen: beides kommt nicht wieder, weder Postkutschen noch die von ihnen beförderten Beziehungen. Sähen unsere Altvorderen aus ihrem Nirgendwo die fliegende geflügelte Röhre, die fünfzig regelmäßig aufgereihten angeschnallten Gestalten, recht reglos, fast schweigend, reif fürs Wachsfigurenkabinett, Abteilung »Der moderne Ikarus – potenziert« – sie hielten die Menschenfracht wirklich für nichts anderes als eine Menschenfracht.

Bitte das Rauchen einstellen, anschnallen; Kansas City wird einem unter die Füße geschoben, abschnallen, aussteigen, umsteigen: auf nach Cedar Rapids.

Der Kontrolle von Taschen und Manuskriptkoffer mittels Handdetektor (Keine Waffen, Sir!, außer geistigen; aber die geben keinen Ausschlag; Technik verifiziert Einsicht) folgt die Ruheplatzsuche nahe dem Tor, das sich einem bald öffnen soll. Von der Bank, bezogen mit schwarzem Kunstleder, blickt man durch die gläserne Längswand des Abfertigungsgebäudes nach draußen: da steht ein zweimotoriger Hochdecker der Gesellschaft OZARK (von Germanisten »Oh, Sarg« genannt, was man glücklicherweise erst später erfährt): die Anschlußmaschine.

Ein Zwerg, dunkelgrün gestrichen. Aus seinem Bauch hängt ein dicker gelber Schlauch und endet in einem Versorgungsfahrzeug: Wird der jetzt erst abgenabelt? Ist was geschehen? Was ist geschehen? Dieselbe Frage sollen wir uns demnächst bei der Rückflug-Zwischenlandung in Montreal erneut stellen, da wir, bänglich wartend, zusehen werden, wie Mechaniker am Bugrad basteln und die Mienen der tschechischen Stewardessen ihr Lächeln verlieren (das sie erst nach der Landung in Prag-Ruzině zurückerhalten). Und schon heißt es: Keine Besorgnis, wir haben nur einige Probleme mit dem Heizungssystem, eine kleine Verzögerung – und der Reisende kann die Augen nicht von dem geringes Vertrauen erweckenden Dingelchen da draußen abwenden. Endlich (Gott sei Dank und leider): der Aufruf.

Während der paar Schritte von der Halle zum Einstieg spürt man, was man beim morgendlichen Abflug in Texas nicht gewußt hat: es ist ja Dezember.

»Bitte nehmen Sie in der Mitte der Maschine Platz, dort ist es am wärmsten!« Geschrumpft die Menge der Reisenden; wenige bloß noch hocken im Mittelteil der in allen Nieten zitternden und bebenden Konstruktion; Propeller drehen sich; Aufstieg unter großem Lärm; nur einige tausend Meter hoch. Das Unten: braun in jeglicher Schattierung. Sodann: Schnee. Fein und pulvrig, verweht in Furchen, Straßengräben, Feldbegrenzungen. Gefrorene Wasserflächen, Tümpel, Teiche. Eindruck von starkem Frost. Und schon wird wieder ANSCHNALLEN angeordnet. Die Stewardess reißt die Tür zur Pilotenkanzel auf und wird das bei jedem Starten und Landen erneut energisch vollstrecken. Die erste Station erweist sich als Kleinstadt. Abnahme der Passagieranzahl. Erneuter Start. Jetzt weiß man's genau: das ist 'ne fliegende Postkutsche, die in jedem Dorf hält. In Sprüngen von minderer Gipfelhöhe langt sie an: Cedar Rapids – kein Ort, nur Flugplatz, Parkplatz, Autos und Schnee in umfangreichen Mengen. Es ist unerwartet Winter und der Flug über (fast) das ganze Land von Süd nach Nord zu Ende. (Bis Kanada brauchte man nur noch Wisconsin zu überqueren.)

Vom Morgen bis zum Nachmittag eine Strecke abgespult, für die einst Wochen nötig gewesen wären. Diese Wochen hat der Reisende gewonnen, aber statt zu fragen, was er mit dem Gewinn anfängt, vergißt er ihn einfach. Was man besitzt, es gibt sich nichtig; mehr noch: die Selbstverständlichkeit (unser Eingangswort) wird zur Tarnung des Vorganges, eines ungeheuren und ungeheuerlichen, wie man in seltenen Augenblicken ahnt.

Zwischenlandung in Chicago

Im Absinken begriffen: verzögertes Tempo; nächtlicher Landeanflug: überm geometrischen Lichtraster endloser Vororte. Leuchtende Linien lösen zu Lampenreihen sich auf: violett manche Flächen, manche rosig strahlend. Wenige Autos schleichen unten über illuminierte Stadtautobahnen, als wollten sie gleich stehenbleiben. Dann zieht die Boeing 707 wieder höher und dreht ab: der Punkt ist erreicht, wo die Quantität der Technik in die neue Qualität ihrer Funktionsuntüchtigkeit umschlägt: Keine Beunruhigung, Ladies and Gentlemen, wir haben noch keine Landeerlaubnis . . .

Unter den Tragflächen eine andere Grenze: hie Licht, hie Finsternis, scharf getrennt: hie Chicago, hie Michigansee, und darüber ein paar Sterne. Doch diese, wie man besorgt erkennt, sind gar keine, sondern ebenfalls im Wartestand kreisende Reisende, einander bedrohlich nahe gerückt: Raummangel im freien Raum. Erneute Schwenkung: Rückflug Richtung Stadt, damit nun auf der vollkommenen Schwärze des Hintergrundes, Himmel und Erde ungeschieden, ein Anblick auftauche, für den der Preis von Beunruhigungen und Befürchtungen nicht zu hoch ist: eine Phantasmagorie hebt nun sofort und für immer den literarischen Niederschlag bisheriger visionärer Emphase auf.

Downtown Chicago: ein zentral aufgipfelndes Gebirge von Wolkenkratzern, pures strahlendes Gold alle Vertikalen, überwölbt von einer gigantischen Kuppel aus grünlich schimmerndem Dunst, davor die tiefer gelegenen und gestaffelten Lichtermassen bis zum Kabinenfenster, vor dem sich, wie auf einer unermeßlichen Drehscheibe, die Traumstadt langsam um ihre eigene unsichtbare Achse schraubt.

Es verblaßt der Enthusiasmus von Wanderern früherer Tage über das Auftauchen blinkender Dächer der »Goldenen Stadt«, über den ersten Blick auf die »Königin der Adria« vom Canale Grande her, auf den Dogenpalast, die Piazetta mit den beiden Säulen, links der heilige Theodor, rechts der geflügelte Löwe, vor dieser surrealen Erscheinung einer Metropole, vorstellbar als der heilige Gral, fingiert von der Nacht und diesem außerordentlichen Blickwinkel. Bitte das Rauchen einstellen.

Wir landen. Und erneut das zögernde Hinschweben, das seltsame Empfinden, da man das Schwergewicht der Maschine zu spüren meint und doch leicht über die abstrakten Gebilde drunten hingleitet. Kilometer um Kilometer: Bungalows, Einfamilienhäuser, Villen, erhellte Fenster oder zumindest Gartenbeleuchtung, die eigenen Hauswände von der Nacht abzusetzen: Verschwendung von Elektrizität, als Schutz gegen Einbrecher und als ästhetisches Muster für Luftreisende.

Tiefer. Schon nähern sich Hallen, parkende Flugzeuge, alles im Flugplatzbereich: von diesem hebt sich mehr und mehr unter die ausgeklappten Räder, die gleich aufsetzen, durchfedern, rollen, bremsen, stillstehen: abschnallen – aber es darf nicht geraucht werden. Warten. Zu beiden Seiten die Rümpfe von Zwillingsmaschinen; man sieht durchs eigene und durchs gegenüberliegende Fenster: Reisende, die ihre Taschen und Mäntel aus Ablagen nehmen, doch gleichfalls nicht aussteigen dürfen. Wo kommen die wohl her, und: ob die sich fragen, woher wir kommen?

Wir alle sind hier bloß Sand im Getriebe einer gigantomanischen Maschinerie, und der Sand, weil es ihn gibt wie Sand am Meer, kann nicht entladen werden, kein Ausstiegstor ist frei, Ladies and Gentlemen, bitte warten, und nach der halben Stunde zwischen dem See und dem einzigartigen Panorama vergeht erneut eine halbe Stunde mit Hoffen und Harren, ehe die Maschine, deren Triebwerke nicht abgestellt wurden, sacht wieder zu fahren beginnt. Ein Tor ist frei. Aber über uns, ein leichtes Einziehen des Kopfes zwischen die Schultern verursachend, steigen Jumbos und Jets ab, rutschen derart niedrig zu unseren Häuptern hin, daß ihre Landescheinwerfer durch unser Fenster hereinblenden. Friedrichstraße, Ecke Unter den Linden um fünf Uhr nachmittags ist kaum ein solcher Betrieb. Nicht rauchen. Die Kabine enthält anstelle von Sauerstoff stinkende Kerosindämpfe. Stop: Reisende drängeln sich zum Bug durch und werden gegen andere Reisende ausgetauscht. Bitte anschnallen! Die Pilotenkanzel entfernt sich zögernd von der ausgefahrenen Gangway und dem Abfertigungsgebäude, dem nächsten Menschenfrachter Platz zu machen. Erneutes Anhalten: Ladies and Gentlemen, wir sind very sorry, aber wir haben keine Startbahn, bitte warten. Und aufs neue fallen dreißig Minuten unseres rapide sich verkürzenden Lebens ins Nichts, bevor die Boeing sich in Bewegung setzen darf.

Fahren und fahren: als wollte sie überhaupt nicht mehr aufsteigen und auf dem Boden bis nach Columbus, Ohio, und weiter nach Washington, wo die Passagiere schon längst hätten sein sollen – gäbe es von ihnen nicht zu viele und außerdem ihnen zuliebe zu viele Transportmittel. Der nächtliche Flugplatz präsentiert sich wie bei einer Werbeschau: Luftfrachthallen, Hubschrauberabstellplätze, Sportmaschinen reihenweise, Service-Stationen für die 747, deren Buckelstirnen die Hallendächer überragen. Alle Nationen zeigen ihre mehr oder weniger klangvollen Markennamen: El Al, Jal, Allitalia, Air France, Finnair, Tabso; Schlepper ziehen geflügelte Skulpturen, Werke moderner Bildhauerei, hinter sich her. Flughafenpolizei rast mit rotierendem Blaulicht von Terminal zu Terminal. Die Bezirke nehmen an Helligkeit ab, die Startbahnen kommen näher, durch Signallampen markiert, farbige Hinweise, Kurven, Geraden: Bitte anschnallen. Warten. Wieder und wieder: warten.

Endlich: die Düsen verändern ihre Tonlage. Aus dem Bariton wird Sopran. Start. Abfahrt. Andruck. Schnell und schneller, und die Stirn gegen die Thermoscheibe gepreßt, erkennt man nach dem Abheben und in der ersten halben Schleife, daß hinter dem Heck bereits ein Nachfolger schwebt, vor dem Bug ein Vorläufer: eine Kette von Maschinen, zu eng aneinander ihre Glieder, gewinnt Höhe: nahe Gestirne scheren aus, schwenken ab, die Kette reißt und verteilt sich im Raum, der leerer wird, dunkler, lichterloser, bis rundum, oben und unten, nur noch Nacht ist, die alte untechnifizierte, eine, in welcher man über den technisch-wissenschaftlichen Fortschritt eine Lektion erhielt, wie sie eindringlicher nicht sein kann.

Iowa City

Empfang im Flughafengebäude; zwischen ANKUNFT und ABREISE, zwischen Coca-Cola-Automaten, Personenwaagen, Lebensversicherungsautomaten, Würstchenautomaten und Rollbändern, auf denen Gepäck, von unsichtbaren Händen mißhandelt, hereingewackelt kommt: damit beladen sich nun nach einigem Händegeschüttel der Chairman der Fremdsprachenabteilung und ein deutscher Professor, Abgesandte der

University of Northern Iowa, und gemeinsam begeben wir uns in die ungewohnte, in Ohren und Nasen stechende Kälte. Der Chairman macht sich auf den Fußmarsch zum Parkplatz, den Universitätswagen zu holen, kehrt, mangels einer Fünfzig-Cent-Münze für den automatischen Schlagbaum, ohne Wagen zurück, wandert erneut und münzenbewehrt fort in den Schnee und rollt wenig später mit einem weißen Pontiac, das Universitätswappen auf dem Lack, vor unsere Kofferreihe, die, nachdem der Kofferraum sorglich aufgeschlossen wurde, in ebendiesen Kofferraum verschwindet. Einstieg und Abfahrt: verschneite und leichtgewellte Landschaft zu beiden Seiten der Straße, ein Super-Mecklenburg, Staat der Farmer, Weizenlieferant für den halben Kontinent und andre Weltmächte. Rinder, massige Leiber, tief hängende Wampen, Rücken und Schädel beschneit, stehen bis zu den Bäuchen in den pulvrigen Schichten. Es gibt keine Ställe. Das Vieh bleibt rund ums Jahr im Freien, ohne Husten, Schnupfen, Heiserkeit und nur hin und wieder fährt der Farmer mit dem Lastwagen vorbei und wirft einen Ballen Heu zwischen die Steakproduzenten.

Iowa City taucht auf, durchflossen, beziehungsweise im Augenblick nicht durchflossen, sondern durcheist von einem Strom: er, wie viele andere, trägt den Namen seines Durchzugsortes: San Antonio River, Santa Fe River; hier: Iowa River. Ohnehin finden sich im ganzen Land Siedlungen unterschiedlichster Größe doppelt und dreifach wieder, als sei den Gründern und Erbauern nichts Besseres eingefallen, als was sie schon mal auf der Landkarte gelesen hatten.

Vor dem Iowa House der University of Iowa, einer Mischung aus Gästehaus und Hotel, wird gestoppt, das Gepäck ausgeladen und gleichzeitig eine Verlustanzeige bekanntgegeben: unsere Gastgeber vermissen ihre Aktentaschen und Mäntel. Erster Einfall: Gestohlen! »Aber es war doch ein bewachter Parkplatz?!« Das besagt hier gar nichts ...

Aufgeregtes Umkreisen des Fahrzeugs, ergebnisloses Herumsuchen im Kofferraum. Auch im Wagen: nichts. Oder doch: seltsamerweise liegt vor dem Beifahrersitz ein halbgefüllter, fest verknoteter Geldsack. Verblüfftes Staunen: Wie kommt denn der hierher? Des Rätsels Lösung folgt: der Wagen ist gar nicht der Wagen der University of *Northern Iowa,* sondern der University of *Iowa,* und identisch sind nur Marke und Farbe, die Wappen beider Universitäten einander ähnlich, daher die Verwechslung. Aber die Schlüssel paßten für die Tür, den Starter, die Heckklappe: gefoppt von den uniformen Erzeugnissen der Massengesellschaft, fällt man auf die Scheinindividualität herein: auf die des Produktes und auf die eigene. Ein weiteres Indiz für die Beliebigkeit, für die Austauschbarkeit, von der wir fürchten, daß sie auch uns, ohne daß wir es merkten, längst ergriffen hat wie eine Krankheit mit langer Inkubationszeit. Was tun? Man lacht.

Der Fahrer setzt sich erneut hinters Steuer, den Wagen die fünfundzwanzig Meilen zurückzuschaffen; er weiß noch nicht, daß ihn bereits die Polizei erwartet, wie er nach Rückkunft mit dem *richtigen* Wagen erzählen wird.

Trockene Kälte, anderes Frieren, Kontinentalklima. Die Bürgersteige festgetretene Rutschbahnen, die Dämme vereist, schwieriges Anfahren, immerhin: Sonnenschein. Die University of Northern Iowa liegt in Cedar Falls, und so müssen wir weitere hundertfünfzig Meilen nach Norden, wobei man, nach vielleicht einem Viertel der Strecke, eine Wetterscheide passiert: Verdoppelung des Schnees, Verdüsterung des Himmels, arktische Ansichten, eingeschneite Farmhäuser, von den Rindern bloß noch schwarze und braune Fellflecken im Farblosen sichtbar. Der erste und nächste Ort nennt sich ungeniert und kühn: Waterloo, ein kernloses Gebilde, hauptsächlich Hauptstraße, ohne Anfang und Ende, an der sich alles Geschäftliche reiht, deutlich ungeplant, offenkundig an einem der Planwagenpfade einfach aus dem Boden gewachsen, selber nicht ahnend, wieso gerade hier. Danach: Cedar Falls, Hochschul- und Kleinstadt, Ansammlung von Ein- und Zweifamilienhäusern, erfüllt von Gottvertrauen: wo wir wohnen, gibt es keinen Hausschlüssel, der Hausherr sucht ihn vergeblich, hatte ihn vor vierzehn Tagen noch irgendwo gesehen: Hier schließt sowieso niemand seine Tür ab! (Krasser Kontrast zu New-Yorker Zuständen, wo selbst in bewachten Apartmenthäusern die Bewohner an ihren Wohnungstüren Extraschlösser und Spezialriegel anbringen lassen und auch dafür sorgen, daß sie stets eingerastet sind.) Bis Cedar Falls scheint die Kriminalität noch nicht gedrungen, vermutlich weil hier die Anonymität der Großstadt fehlt; außer diesem angenehmen Mangel mangelt es der Landschaft an Besonderem: dort ein Flußblick, hier ein Skigelände, an Wochenenden voller Läufer und Blessierter, die ihre Beinbrüche bereitwillig erdulden. Auch wir haben nichts Sensationelleres beizutragen als Gedichte (werden auch verlesen) und Äußerungen in

Gesprächen (werden getan), und so muß, damit der Normalzustand des Orts gestört werde, die Natur selber eingreifen. Sie tut's, indem sie es schneien läßt. Leise, aber unaufhörlich rieselt der Schnee. Im Fenster, das die Vorderfront des Hauses bildet, steigt es aufwärts, höher und höher und erneuert die Frage, die wir schon aus Santa Fe kennen: wie wir hier jemals rauskommen – nur diesmal mit mehr Berechtigung, denn die Anfrage bei der Autobahnpolizei, bei der Highway Patrol, erbringt die Auskunft: Wollen Sie hier nicht abgeschnitten werden, müssen Sie sofort losfahren! Die Straßen schließen sich!

Kein längeres Zögern. Der deutsche Professor beschafft einen Universitätswagen nebst zwei Studenten zwecks Belastung der hinteren Antriebsräder und falls Schneewehen weggeschippt werden müssen, und so beginnt die Reise von Amöben durch einen feuchten Wattebausch. Herannahende Sattelschlepper und Lastwagen wirbeln die frisch gefallenen Flocken noch einmal auf und schleppen blind machende Wolkenbänder hinter sich her. Dauernder Versuch der Hinterräder wegzurutschen. Seitliche Wegbegrenzungen sind nicht erkennbar. Da, wo einer einem entgegenkommt, muß die Straße sein. Vorwärts im gedrosselten Tempo, zurück nach Waterloo, das Napoleon eher wie das eingeschneite Moskau erschienen wäre; zurück nach Iowa City, wo die Sonne wie vordem scheint und es auch nicht schneit, wie wir merken, nachdem die Wetterbarriere auf dem Rückweg überquert worden ist, die Behinderung nachgelassen hat und wir aufatmend angelangt sind: Wer hätte das noch gedacht!

Und so nahmen wir den optischen Eindruck als Information mit uns, daß Iowa ein Hauptanziehungspunkt für Schnee in der Welt ist. (Im Frühjahr erfuhren wir dann, es habe nach unserer Abreise in ganz Iowa nicht ein einziges Mal mehr geschneit – und welchen Wert mag diese nachträgliche Information besitzen?)

Sieben Dörfer, fast Kleinstädte, alle gleichen Namens, nur durch die in ihrer Benennung variierte geographische oder sonstwie hinweisliche Angabe voneinander abgesetzt: Südamana, Nordamana, Unteramana und Undsoweiter-Amana. Doch die Markierung ihrer Lage auf dem Plan, pfahlgestützt an der Autobahnabzweigung zu ihnen, sagt noch nicht, was Amana bedeutet. Und was bedeutet es wirklich?

»Ein weiterer erfolgreicher Versuch der religiösen Kolonisierung war die Errichtung der sieben Amana-Kolonien in der Nähe von Cedar Rapids in Iowa, die noch immer an den Ufern des Iowa-Flusses als blühende Gemeinwesen existieren. Was ursprünglich als ›Gemeinschaft der wahren Inspiration‹ – als ein Ableger des deutschen Pietismus – begann, der zu einem vormarxistischen Kommunismus wurde, brach schließlich während der großen Depression der dreißiger Jahre unseres Jahrhunderts zusammen, wie so viele kapitalistische Unternehmen auch. Dieser christliche Kommunismus mauserte sich dann zu einer verfeinerten Art von Gewinnaufteilung, und heute sind die Mitglieder der Amana-Kolonien, wie ein Beobachter einmal schrieb, ›ein Bund kapitalistischer Aktionäre, jeder einzelne‹. Das religiöse Fundament der frommen Amana-Kolonie war ihre Überzeugung, daß dem Menschen auch in der modernen Zeit göttliche Eingebung zuteil werde – ein Satz, der den lutherischen Glaubenslehren widersprach.«

Ob die relative Isolation, die Abgelegenheit des Wohnortes, der Entschluß, bei der Manufaktur, ja beim Handwerk zu bleiben und bei der einstigen Muttersprache, Folgen einer Eingebung sind, kann nicht entschieden werden: Folge dieser Folgen jedenfalls ist eine geruhsame Stagnation. Dem Fremden, so er sich als Sprachverwandter ausweist, antwortet man in einem Dialekt, dessen Herkunft nicht mehr identifizierbar ist: es klingt schwäbisch-thüringisch-frankfurtisch, als versuche jemand, der selber nur Hochdeutsch spricht, einem anderen phonetisch klarzumachen, was eine Mundart sei. In dieser also wird man in den Läden bedient. Wollwaren, selbstgewirkt, selbstgefärbt, von geradezu klassischer (von keiner Industrie angestrebter) Qualität, bieten sich an, und wer weitere Erzeugnisse handwerklicher Art als die Erzeugnisse eines andernorts versunkenen Zeitalters besichtigen möchte, geht um die Ecke in die Tischlerei. Von einer erhöhten geländergesicherten Balustrade an der Längswand einer Fabrikhalle schaut man auf fleißige, meist alte Amanen hinab, beschäftigt mit Hobeln, Sägen, Polieren, Schleifen; mit Tischen, Stühlen, Kommoden. Als stünde man in einem Museum der Zukunft, darinnen ausgestorbene Fertigungsmethoden von personifizierten Relikten vorgeführt werden. Anschließend begibt man sich in den Verkaufs- und Ausstellungsraum, wo die Endergebnisse der Greisentüchtigkeit paradieren.

Solche Möbel, meist massiv Nußbaum, nichts ist furniert, wurden als adäquate Neuanfertigungen das letzte Mal vor zweihundert Jahren in Europa gesichtet. Auch die letzte allgemeinverbindliche Stilepoche, das Biedermeier, hat solche Kunst-Stücke nicht vorzuweisen. Seidenglatte, handwarme Oberflächen, das Anfassen ein Genuß; Fächer gleiten wie von selber aus ihren Lagerungen, Türen schließen auf den Millimeter, Armstühle umfangen den Stehmüden. Der kleinste Tisch, etwa in Couchtischumfang, kostet bereits dreihundert Dollar. Dafür bekommt man einen gebrauchten Straßenkreuzer. Oder hundertzwanzig Paar Cordjeans im New Army Store (Austin). Über hundert Schallplatten (LP). Material wie Handarbeit der Amana-Tischlerei sind teuer, und doch: es erscheinen Käufer, verzweifelt am Einrichtungsramsch der Möbel-Supermärkte. Hier gibt es eben mehr als Verschleißgut; hier ersteht man für den Rest seines Lebens einen stumm dienenden Wohnbegleiter, von dem ästhetisches Vergnügen ausgeht und die Wiederentdeckung des eignen Tastsinnes, damit er sich an solchen hölzernen Wunderwerken übe.

Wer nicht das Geld für ein Sideboard, für ein Büfett, für einen Schaukelstuhl aufbringt, ersteht wenigstens eine Wanduhr, zur Gänze aus Hartholz, auch das Räderwerk, deren Hängegewichte zwei faustgroße Steine an (vermutlich handgedrehten) Schnüren bilden: verpackt und zum persönlichen Zusammensetzen daheim, ein Do-it-yourself-Chronometer, damit man weiß, daß der in Amana betriebenen Handwerkerei die letzte Stunde geschlagen hat; gerade in der demonstrativen Vorführung liegt die Unabweislichkeit ihres Endes; die grandiosen Möbel sind ein mühselig hergestelltes Alibi dafür, den Tod einer sterbenden Kunstfertigkeit hinauszuzögern, der wohl mit dem Tod der alten werkelnden Männer zusammenfallen wird. Sie oder ihre schwindende Anzahl dürfen – solange jemand eine Anrichte aus amerikanischem Nußbaum bezahlt – die Bretter für eine neue zuschneiden. Ob splendide oder unsplendide Isolation, die Gegenwart ist gegen sie, die Erde schrumpft schneller als ein Luft verlierender Ballon, und neue Lebensweisen (Arbeit gehört dazu, wir wissen es) gelangen von überall nach überall, wobei das Ressentiment daran zweifelt, daß dies ein Gewinn sei: für Amana in seiner gemütlichen Gestrigkeit wäre es gewiß keiner.

Museum of History and Technology (Washington)

Es war einmal – so fangen nicht nur Märchen an – ein gewisser James Smithson, britischer Wissenschaftler, in dessen Vermächtnis und Namen 1846 eine der heute ältesten wissenschaftlichen und kulturellen Einrichtungen Amerikas in Washington gegründet wurde, gegenwärtig mit abkürzender Freundlichkeit »The Smithsonian« geheißen. Weltberühmt, befaßt mit »Lehre und Forschung«, besteht es aus achtzehn Museen, davon zehn im Kern der Hauptstadt. Ein Jahr reichte kaum für einen flüchtigen Überblick aus, und der streifte von paläontologischen Resten über das aus dem Champlain-See gehobene Kanonenboot PHILADELPHIA (gesunken Oktober 1776) bis hin zur Malerei der Frührenaissance und weiter bis zu Picasso und Chagall, bis zur Weltraumfahrt, bis zu Vanguard, Explorer, Apollo XI. Weniger zeitreiche Besucher Washingtons, D. C. (District of Columbia, einziges Territorium, das kein Staat ist), begnügen sich mit hastigen Stippvisiten: für erstere wäre am empfehlenswertesten eine letztere im National Museum of History and Technology: sein gläsernes Parterre lockt Fußgänger, sogar Autofahrer auf dem Madison Drive, anzuhalten vor dem langgestreckten Bauwerk, darin Maschinen undeutlich sichtbar und Fahrzeuge farbig blinken.

Folge der gedruckten Aufforderung »Join the Smithsonian« und betritt das Innere und vergiß nicht, einen Sack voller Superlative mitzubringen: du wirst sie brauchen, willst du Nachricht vom Geschauten geben; selbst eine zurückhaltende Natur würde zumindest den einen einschränkungslos gebrauchen: *groß-*

zügigstes Museum der Welt. Denn: vermieden wurde die Todsünde herkömmlicher Ausstellungsstätten: die Enge. Dieses hier scheint um die Exponate herumgebaut, jedem von ihnen räumlichen Überfluß zugestehend, damit der Besucher sich *einem* Gegenstand in Ruhe widmen kann, ohne von der Häufung und dichten Nähe anderer Dinge abgelenkt zu werden; keine Ablenkung vom Ausstellungsstück durch dessen Nachbarn und vom Nachbarn des Nachbarn, Erziehung zur Flüchtigkeit und Ignoranz; die Aufmerksamkeit bleibt bei der Sache, und zwar bei der einen, die man vor Augen hat.

In der Halle Railroads und vor einer durchgehend durchsichtigen Wand, hinter der ein regnerischer Vormittag angenehm die klimatisierte Vergangenheit kontrastiert, ruht reglos auf seinen Schienen einer jener Giganten, die bis in die vierziger Jahre quer über den Kontinent rasten; höher als ein modernes Einfamilienhaus, leuchtend grün lackiert, alle Messingteile poliert, der Tender mit Kohlen hinten angekoppelt, am Bug (oder wie das bei einer Lokomotive heißt) der fächerartig gespreizte Kuhfänger. Drückt man auf einen verborgenen Knopf, was der Wärter uns zu Gefallen tut, ertönen Bahnhofsgeräusche aus unsichtbaren Lautsprechern, Menschengemurmel, Signale, Einsteigen bitte, die Kolben beginnen zischend zu arbeiten, die Dampfpfeife ertönt, der Zug fährt an, kommt auf Tempo, wird schneller und schneller und donnert davon und verklingt in der Ferne: eine akustische Fiktion. Riesenspielzeug, bezauberte Kinder davor, sogar ältere, wir etwa. Auch »Puffing Billy«, der Urgroßvater der Lokomotiven, besitzt den nicht zu leugnenden Charakter und damit die Anziehungskraft von wirklichem Spielzeug; woher stammt das, wie entsteht solche Metamorphose, denn es ist tatsächlich eine, die im Auge des Beschauers ein alltägliches Verkehrsmittel in etwas verwandelt, das spürbare Lust hervorruft, sich eigenhändig mit ebendiesem Gegenstand zu *befassen?* Stiege man nicht gern – wäre es doch nur erlaubt – in diese grandiose Cable Car, Straßenbahnvariante, in San Francisco noch in Betrieb und mittels eines Kabels gezogen, das in einer im Pflaster versenkten, oben offenen Röhre eingebettet ist. Und die Wagen in der Vehicle Hall – warten sie nicht alle auf uns? Die Cabs und Hamsons, Planwagen und Pferdeomnibusse, die Kutschen des Pony-Express, die Feuerwehren, leuchtend rot und leuchtend messingen, auf deren Kutschsitz wir uns schwingen möchten, den alten Broadway hinunterzujagen (zusätzliche Information: jedes der Fahrzeuge steht auf seinem zeitgenössischen Wegebelag: Kopfstein, Holzpflaster, Schotter, Wüstensand). In der unüberblickbaren Runde umkreisen Oldtimer eine zentrale Tankstelle, aus der (per Knopfdruck selbstverständlich) Tankstellentöne die Welt der scheinbar toten Dinge beleben: Motoren heulen auf, man vernimmt das An- und Abfahren von Autos, den Straßenlärm einer Stadt. Das berühmteste Stück, Henry Fords Modell »T«, die »Blechliesel«, erhebt sich auf einem Sockel in der Eingangshalle, Monument der technischen Zivilisation, und kein Denkmal ist je wahrer gewesen als dieses. Stärker und nachhaltiger als jeder Heros hat dieses metallene Unding auf vier Rädern auf die Neue Welt eingewirkt und über die Neue nachweislich genug auf die Alte. Ohne dieses billige Massenfahrzeug, gebaut 1920, sähe es selbst hinter dem Mond, oder wo sonst wir hausen, anders aus. Die Amerikaner – bisher vermiedene unzulässige Verallgemeinerung – in ihrem ihnen nachgerühmten oder angekreideten Pragmatismus, auch in ihrer Entfremdung, haben deutlicher (und unbewußter, weil naiver) die Wichtigkeit des Gegenständlichen, die darin faßbare Verdinglichung des Menschen, begriffen und akzeptiert und somit objektiviert und das Objekt sorgfältig geputzt und aufgebaut, damit wir etwas davon spüren. Doch das Objekt und alle seine Brüder aus James Smithsons Nachlaß zeigen uns nur ihre positive Seite: die Beherrschung und niemals die gleichzeitige Ruinierung der Natur.

In der Abteilung »Brücken und Tunnel« geht man von den ältesten Balkenkonstruktionen, dargestellt in Modellen und auf kupfergestochenen Veduten, bis zu den Weltwundern von gestern, beispielsweise der Brooklyn Bridge über den East River zwischen Manhattan und Brooklyn: wir sehen ihre Anfänge auf vergilbten Daguerreotypien, lesen ihre Geburt aus technischen Zeichnungen ab, betrachten das Material, die Querschnitte der zu armdicken Kabeln gedrehten Drahtseile: dieses Schauprinzip gilt in allen Abteilungen, sei es »Eisen und Stahl«, »Medizinische Wissenschaften«, »Textil«, »Gesundheit«, »Werkzeuge«, »Landmaschinen« oder »Elektrizität«, wo ein lebensgroßes Wachsfigurenpärchen in Rokokokleidung im Begriff ist, sich zu küssen, und von Mund zu Mund der berühmte Funke laut knallend überspringt: That's America!

Ein Saal tickt: die Entwicklung der Uhr vom sandrieselnden Stundenmesser über Nürnberger Eier und gewichtige Pendülen zum lautlosen, von Temperaturschwankungen betriebenen Werk. Saal um Saal. Einer mit Musikautomaten, an der Decke

Richtungslautsprecher, unter die man jeweils treten muß, Caruso zu hören oder Billy Holliday. Ein Kino: in zwanzig Minuten gerafft die Genese des Films vom schwarz-weißen und zappelnden Chaplin zum bunten und singenden und tanzenden »Amerikaner in Paris«.

Das »Everyday Life in the American Past« harrt des an Nostalgie Leidenden im zweiten Stock: mit einer originalen, sorgsam wiederaufgebauten Eiskonditorei, mit Wegweisern in immer fernere Tage, bis zu denen der Landbesiedlung durch die Mayflower-Passagiere. Rekonstruierte Blockhütten der Pilgerväter, karge Interieurs der Häuschen von Neu-Amsterdam, heute Manhattan; spanisch-indianische Wohnungen in New-Mexico oder Kalifornien; zu jedem Zimmer, in das man durchs Hausfenster lugt, gehört die adäquate Fassade; andre Schau-Fenster enthalten nationale Objekte, faßbarer Einfluß, den auf die hiesige Kultur einstmals die Holländer ausübten, die Engländer, die Deutschen, die Franzosen, die Spanier, die Indianer, die Negersklaven, die Japaner und Chinesen: Gebrauchsgegenstände, durch ihre Herstellung in der neuen Heimat in ihrem traditionellen Stil gestört: Chinesisches wurde so außerhalb Chinas zur seltsamen Chinoiserie. Die Dinge, jenseits ihres originalen Kulturkreises geschaffen, wirken wie auf der Basis ungenauer Erinnerung erarbeitet. Noch erstaunlicher geht es zu bei »Art and Spirit of People (Folk Art)«: was da der Mann von der Straße an Kunst und Kunsthandwerklichem geschnitzt, gemalt, gebastelt und gebildhauert hat, ist von bezaubernder Einfalt. Zum Diebstahl verführt ein Männerkopf, grob geschnitzt, unbemalt, anderthalbfache natürliche Größe, und das Gesicht lauter kleine, aus dem Gesicht herausziehbare Schubladen, ein plastischer Vor-Dali.

Danach: ein Saal, rundum geschnitzte Damen, Indianer, Offiziere, Cowboys, und erneut: Indianer. Ehemalige Wahrzeichen von Tabakläden, Kneipen, Friseuren. In der Raummitte langsam rotierend ein Rondell mit alten Karussellfiguren. An der Wand sitzende Britannien, bucklige Zwerge, vergoldete Adler, Nymphen, Soldaten, und draußen, an der Stirnseite des Ganges, noch die Baumstammform bewahrend: Abraham Lincoln, der Phantasie eines Holzfällers entsprungen.

Im Herzen der Sammlung zieht Besucher wie uns eine ganz besonders an – also: auf und vorbei an einem halbfertigen Farmhaus normalen Umfanges; gesichtslose Wachsgestalten führen die Bauweise vor, das Sägen von Brettern aus Baumstämmen, das Dachdecken mit Holzschindeln, das Einsetzen von Türen und Fenstern, alles jedoch in Lebensgröße, so daß die Halle, in welcher das Haus errichtet wird, von Punktscheinwerfern durchsetzt, spezielle Bauabschnitte heraushebend, sich selber ins Verschwimmende ausweitet. Weiter und ohne Gruß entlang der Reihe sämtlicher Präsidentengattinnen, bekleidet die Kunstkörper mit den Originalkleidern der damals lebenden; vorbei an »Historic Americans« und ebenfalls vorbei an »The American Parade of Politics 1780–1960«, einem Aufbau, wimmelnd von Politikern und sonstigen Ausgeburten des Wahlspektakulums, von dem nun klar wird, daß es dieses von Anfang an gab und woher es stammt: vom Rummelplatz!

Endlich betritt der zielstrebige Besucher das verlorene und jetzt wiedergefundene Paradies: die Sonderausstellung »A Children's World«, in welcher als Beweis des Paradiescharakters ein Verbot besteht: das der Berührung. Zwischen den Gegenständen der Erkenntnis und unseren tastsüchtigen Fingern haben die anonymen Mächte der Verwaltung Scheiben aufgerichtet: mit Recht; die Versuchung, von den Exemplaren für den eigenen seelischen Bedarf einiges mitzunehmen, ist mächtig.

Spielzeug, meist mechanisches, in durchsichtigen Würfeln untergebracht, wo es Straßenkreuzungen zwischen Wolkenkratzern gibt und diese wiederum vom Kreisverkehr, einem stetig wandernden Ring, umflossen werden. Polizisten mit Wackelköpfen leiten blecherne Verkehrsteilnehmer in immer gleiche Richtung. Einspänner, von feurigen Blechgäulen gezogen, Kutscher mit überdimensionalen Schädeln, ein beschädigtes clowneskes Grinsen über die gesichtsförmig gepreßten Schalen gebreitet; analog dazu sind viele der Blechgestalten verwachsen, krüppelhaft, hypertroph, kurzbeinig oder langarmig, wasserköpfig, riesennäsig, großfressig: das Pandämonium früher Comic strips – aus seiner Zweidimensionalität herausgetreten. Ihre Vielzahl und Divergenz, jedes ein unverwechselbarer Wechselbalg, bietet Einblick in eine abstruse Welt: Zerrspiegel der tatsächlichen.

Unter einem sockelgetragenen Glassturz ist ein Zirkus (und was dazu gehört) etabliert. Tanzende Bären auf Kugeln, radelnde Affen, Athleten oder Clowns am Reck im Aufschwung der Riesenwelle, seit 1920 fixiert, weil das Federwerk brach oder ein Zahnrädchen ausfiel. Karussells in verschiedenen Formaten, Riesenräder, russische Schaukeln, der motorisierte Eisverkäufer, reglos alles und – wie alles andere Spielzeug auch – nicht restauriert, so daß durch Gebrauchsspuren ein Zustand von Unabgeschlossenheit, von unverwirklichtem Dasein, eine Wartehaltung auf die unmögliche Rückkehr längst zu Greisen oder zu Humus gewordener Kinder hervorgerufen wird. Merkwürdig daseinsträchtige Sächelchen, patiniert von Geschichte; obwohl im geschlossenen Rund fahrend, kommen sie doch aus Utopia, darinnen wir alle zeitweise beheimatet gewesen, in der Dimension der Kindheit, in welcher – laut Walter Benjamin – uns die Dinge, die wir ansehen, den Blick zurückgeben und mehr sind als auf einen Nutzen zugerichtetes Material: nämlich Katalysatoren der Phantasie, selber verlebendigt durch sie; als Gegenstände, wie sie in der Erwachsenenwelt so zweckfrei nicht mehr vorkommen.

Tritt vor den Glasschrank voller rot-goldener Feuerwehren: vom Pferdegespann bis zum Motorantrieb, Pumpenwagen und Leitern, Uniformierte und Behelmte, das Brandbeil an der Seite: solche Variationsbreite des grundsätzlich Gleichen ist nur aus zwei Gründen verständlich: einer wäre die weit übers Land gestreut gewesene manufakturelle Herstellung; in jedem der einst achtundvierzig Staaten existierten sicherlich Klein- und Kleinstproduzenten von Spielwaren in unzähligen Städten: derart kamen die Abweichungen zustande; zweitens ist nirgendwo auf der Erde die Feuerwehr in diesem Maße präsent wie in den USA, weil es eben nirgendwo sonst so häufig brennt. Das Fernsehen meldet morgens und abends geringere oder umfangreichere Katastrophen, überträgt (mit einem diesenfalls unpassenden Wort) »live«, wie aus den obersten Stockwerken eines brennenden Wolkenkratzers in New Orleans Frauen in den Tod hinabfallen, indes unten auf dem Bordstein verzweifelte und weinende Feuerwehrmänner sitzen, deren Leitern nicht hoch genug reichen, und ein Rettungshubschrauber hilflos über dem explodierenden Dach kreist; ausgebrannte Wohnwagen, die verkohlte Familie wird gerade eingesargt, kein Tag ohne solch »kleines« Ereignis, aber wer außer uns kümmert sich im Hotel vorm Zubettgehen um den möglichen Fluchtweg bei Feuersgefahr. Durch die Allgegenwart eiserner Feuerleitern selbst an (älteren) Wolkenkratzern und durch das mehrmals am Tage wiederkehrende und verebbende Geheul der zu Brandstellen rasenden Wagen ist die Feuerwehr vermutlich schon ins amerikanische Unterbewußtsein eingedrungen, was ein Buch wie Ray Bradburys ›Fahrenheit 451‹ mit der Umkehrung dieser ethisch-positiv bewerteten Institution in eine Vernichtungsmaschinerie beweist; nicht zuletzt ist sie, die Feuerwehr, Held einer wöchentlichen Fernsehserie, was ihre Publicity erhärtet wie fördert.

Gegenüber den Feuerwehren, an einer Längswand und durch eine bauchhohe Barriere vor hemmungslosen Sammlern geschützt, dokumentiert das Smithsonian die Abgeleitetheit des Spielzeugs. Neben alten Illustriertenfotos oder Zeitungsbildern von Flugzeugen hängen die verwinzigten Kopien der originalen Typen. Dem Werbebild einer Zigarrenmarke entstammt der Zeppelin (auf drei Rädern). Für drei Elemente (im klassischen Sinne: Erde, Luft, Wasser) die Verkehrsmittel, von denen keine Niete, keine Bordwand, keine Tragfläche übrigblieb, haben sich hier in geschrumpfter Handgreiflichkeit erhalten: ein unerwartetes Fortleben nach der Verschrottung.

Eine weitere Spezialität, vorbehalten den Vereinigten Staaten und außerhalb dieser nicht anzutreffen, sind Spielzeuge aus bemaltem Gußeisen: unzerbrechlich, schwer: Doppeldeckerbusse, Eiswagen (mit Pferden), Rennautos, Überlandzirkusse (mit vergitterten Transportwagen), Expreßzüge mit Tender und Waggons, Flugzeuge, Zeppeline, Puppenkinderwagen, Puppenherde und, selbstverständlich: Feuerwehren.

Die Produkte sind meist von Kenton Hardware Co., Kenton, Ohio. Vor etwa 1880 waren sie aus reinem Eisen, bis sich die Verletzungen der Kinder summierten, dann ging man zu Gußeisen über. Sammler lassen ihre Objekte vom Arzt röntgen, um diese Produktionszäsur festzustellen. Die Formen, für den Guß vereinfacht, geben – fast wie ein Kunstwerk – nur das Wesen der Sache: Details, Feinheiten, alles Scharfkantige oder leicht Abbrechbare ist fortgelassen. Die geglättete und abgerundete Simplizität der Gegenstände setzt sie in Bezug zu den naiven afrikanischen, in Benin aufgefundenen Kleinplastiken oder manchen Exemplaren der Maya-Kunst, und zwar zu den nicht kultischen, und daher will es beim Betrachten dieser Eisengüsse von Kenton Hardware, Ohio, einem vorkommen, als würde man sie beim nächsten Besuch im Museum nicht mehr in der »Kinderwelt« wiedersehen, sondern bereits in einem anderen Gebäude, eingereiht unter das bildhauerische Schaffen dieses Jahrtausends.

Im Weißen Haus

Vorherrschaft von Weiß und Gold. Rote Läufer. Eine schlauchdicke rote Kordel sperrt den Eintritt in einen Gang, durch den es zu freigegebenen Räumen geht, im Augenblick von einer anderen Besuchergruppe besichtigt, auf deren Rückkehr wir warten müssen, ehe der bewaffnete Wächter die Kordel erneut von der Wand hakt.

Warten: inmitten größerer Ansammlungen von schwarzen Staatsbürgern im Alter von sechs bis zwölf, geführt von Lehrerinnen. Keine Museumsstille, kein ehrfürchtiges Schweigen angesichts der irgendwo im Gebäude verborgenen, gar nicht ansichtig werdenden Autorität: ein Stockwerk höher regiert Mister Nixon oder überdenkt die Folgen jener Vorgänge, welche zu seinen Gunsten in einem Hochhaus mit vorgerundeter Fassade stattfanden, das, weil direkt am Potomac gelegen, der Affäre den Namen gab: Watergate. Oder er bereitet sich auf ein Staatsbankett vor: das werden wir gleich sehen, sobald der Besucherrückstrom an uns vorbei und die bannende Kordel gefallen ist: der Posten mit dem Revolver gibt den Gang frei, der Führer durchs Weiße Haus formiert uns, Kinder und Nichtkinder, hinter sich, und um Zusammenhalt bittend, schleust er uns in den ersten Raum. Eine von uns, Besucherin mit strähnigem Herrenschnitt, schmuddligem, faltenreichem Regenmantel (umfangreich genug für eine Bombe), trennt sich von uns, wird vom Argus erspäht, zurückgerufen, ermahnt: ihr verwirrter, verständnisloser Blick, ein psychopathischer Ausdruck läßt Schlimmstes befürchten, man macht sich bereits auf alles gefaßt, und doch: es geschieht nichts, als daß diese Gestalt, halb klassische Anarchistin, halb Irre von Chaillot, die Gruppe mit Nervosität infiziert.

Von hier aus – so steht es mit Versalien in Touristenmienen – wird also die halbe Welt regiert! Man kommt sich vor wie zu Besuch bei Julius Cäsar, im Herzen des Imperiums, doch der Hausherr zieht sich wohl gerade den Kothurn respektive Lackschuh an und erprobt die Biederkeit und Jovialität seiner Züge vorm Spiegel, denn in einem kleineren Saal (wie überhaupt das Weiße Haus in seinen räumlichen Ausmaßen eher bescheiden wirkt) ist eine langgestreckte Tafel vorbereitet, die von Dienern in smokingähnlichen Anzügen gedeckt wird: Also doch – das

Staatsbankett! Und dann betont der Führer es noch einmal ausdrücklich: in wenigen Stunden finde es hier statt. Und wir überlegen, ob wir nicht bleiben und teilnehmen sollten, um uns später, beim Nachtisch etwa, vorsichtig in die Weltgeschichte einzumischen, unseren bescheidenen Beitrag zur Katastrophe beizusteuern, die an diesem Tisch goutierbar wird wie der Nachtisch. In diesem nicht übermäßig prunkvollen Glanz erscheint der Krieg in Vietnam, die Bombardierung Kambodschas, die der Hausherr einige Tage später, sobald der Kongreß Weihnachten feiert, befehlen wird, völlig fiktiv. Überdeutlich kenntlich: die Separation eines Machtinhabers, sein Abgetrenntsein von jener Ebene, auf welcher sich seine Anordnungen realisieren, verwandeln deren Ergebnisse, Tod und Schrekken, Elend und Chaos, im Moment ihres Erscheinens in diesen Räumen sogleich in Abstraktionen, bestenfalls noch in elektronische Bilder, geringfügig und eindrucksschwach in solcher Umgebung: da läßt sich leicht regieren.

Und weil selbst vor der Türe des Präsidenten das Christkind nebst allen daraus resultierenden Weiterungen steht, gilt als besondere Attraktion die Ausschmückung des Weißen Hauses durch die Hausherrin. Vor einer raumfüllenden Tanne verweist der Führer auf den Baumschmuck: die Kugeln aus Samt und Silberborte, und auf jeder ist der Name eines der Staaten der Union eingestickt: alle fünfzig Kugeln seien von Blinden hergestellt. Ob Kriegsveteranen unter ihnen gewesen, erfahren wir nicht. Und weiter geht es im Anekdotischen: da drüben die Armsessel, die letzten übriggebliebenen von vierundzwanzig Exemplaren, die einst James Monroe, fünfter Präsident (1817–1825), von Herrn William King kaufte, Möbeltischler in Georgetown, einem alten Viertel Washingtons voller gut erhaltener und gepflegter Häuser aus der Epoche der britischen Kolonialzeit des Königs George, einer baustilprägenden Majestät, und dieser Sessel hier zum Beispiel, ja, dieser, sei erst kürzlich aus Privatbesitz für . . .zigtausend Dollar zurückerworben worden, und bei Nennung der Summe ertönt ein unterdrücktes Seufzen aus der Gruppe: Mein Gott, warum nur hatte unsere Großmutter nicht diesen alten Sessel auf dem Speicher – wir wären saniert! Überhaupt scheinen die Präsidenten in ihrer Mehrheit sich – eher als durch weltgeschichtliche Taten – durch Möbelverkäufe hervorgetan zu haben: Präsident Chester A. Arthur – keiner kennt ihn heute mehr – errang eine gewisse Popularität dadurch, daß er mehr als zwanzig Waggonladungen von

Möbeln des Weißen Hauses 1882 auf einer Auktion losschlug, darunter unersetzliche Stücke. Die Neueinrichtung übertrug er dann der Firma Tiffany in New York. Die Geschichte des Weißen Hauses ist somit auch eine der ständigen abenteuerlichen Wiedergewinnung verlorengegangener Einrichtungsgegenstände.

Der Bau selber ist ein eklektizistisches Werk des irischen Architekten James Hoban: eine Hälfte, nämlich die Frontseite, kopiert das Leinster House in Dublin, Irland, und die andere, rückseitige ahmt das Château de Rastignac in Périgord, Frankreich, nach, und zwischen diesen beiden Teilen ist es 1929 partiell abgebrannt und von 1948 bis 1952 wiederholt innen umgebaut worden. Der jetzige Bewohner hat 1970 für den Tagungsraum des Kabinetts im Westflügel einen Mahagonitisch beigesteuert, an dem er seine Getreuen, eine fluktuierende Schar, versammelt, mit ihnen Rats zu pflegen; ein einsichtsvollerer Präsident könnte vielleicht eines Tages diesen Tisch verkaufen, den hölzernen Kronzeugen so vieler der Nation abträglicher Entschlüsse.

Doch inzwischen sind wir, Juvenile aller Altersklassen, zum Ausgang dirigiert worden, auf der Freitreppe gemustert von zwei Polizisten in Plastikregenmänteln, Sprechfunkgeräte in den Händen, und schlendern draußen vorm Tor an weiteren Polizisten, an einem postierten Streifenwagen vorbei: man ist wachsamer als die Vorgänger, man fühlt sich weniger sicher, und schräg gegenüber die Tribüne, unter lautem Gehämmer zur Amtseinführung des eben wiedergewählten Präsidenten im Aufbau, wird mit einer kugelfesten Glasscheibe ausgestattet. Wir, geringer gesichert in unseren Lebensumständen, räumen den Platz und machen ihn frei für die nachrückende Besuchergruppe. Damit sie das Interieur bestaune, das Heim eines Mannes, der, trotz enormer moralischer Belastung, sich nicht zum Auszug entschließen kann, weil die Macht die sie Ausübenden demoralisiert und ihnen eine persönliche Zukunft im Status der Machtlosigkeit wie einen regelrechten Scheintod vorkommen läßt.

Washingtoner Impressionen

Den Potomac entlang: jenseits des Flußlaufes der geometrisch und kubisch zusammengesetzte Hintergrund, gestaffelte Kästen, jeder einzelne für sich ein Zeichen mangelnder Phantasie, kommerzieller Ratio, das Gesamtergebnis jedoch ein Bild von beeindruckender Eigentümlichkeit und Futuristik: im Flußlauf als Kontrast dazu etwas wie eine Insel oder Landzunge, Felsen, Gebüsch, niederes Baumwerk, von der Strömung bewegt, in gebrochenen, denen der Stadt entgegengesetzten Farben: bräunlich, moosiggrün und grau. Und im Moment des Vorüberfahrens auf der diesseitigen, dem Stromlauf folgenden Autostraße entstand die Vorstellung, falls nicht eher ein starkes Empfinden, eine intensive Ahnung, wie dort im Potomac einst Indianer zwischen dem Gestrüpp aufgetaucht sein mochten, unterwegs auf der Jagd, bevor die rings lastende Großsiedlung da war. Als sei dieses Stück Natur aus einem Gemälde geschnitten, vielleicht aus einem Audubons, mit dem im achtzehnten Jahrhundert die amerikanische Malerei anhebt: nur daß die Indianer fehlten und doch durch ihre Abwesenheit in dem ihnen so zugeordneten Partikel Gegend anwesend waren.

Später erst fragte ein seit langem in Amerika lebender österreichischer Lehrer (von der Schule nahe der Episkopalkathedrale; eine der größten im Land, aber ohne feste Gemeinde und nur aus Spenden gebaut), ob ich von den Indianern geträumt hätte; er meinte, sie erschienen in seinen Träumen darum, weil unselige und unruhige Schatten oder doch Immaterialitäten einstiger Existenz an Orten, wo sie gelebt, noch ungreifbar vorhanden seien und sich in den Träumen anderer eben bemerkbar machten: er glaube fest daran.

Der schneelose, beinahe warme Frühwinter trieb Dunstschwaden aus dem Potomac und lockerte die scharfe Trennungslinie zwischen Fels und Wasser und machte Stimmung für die erwähnte Art Mystizismus.

Weiter draußen in der Gegend, wo alte Villen stehen, viele noch aus dem achtzehnten Jahrhundert, wundervoll und wahrscheinlich für Unsummen in ihrem Aussehen erhalten, kann man sich einreden, zwischen den Grundstücken Herren in Kniehosen und Schnallenschuhen und gepuderten Perücken zu treffen.

Dunkel gewordene Ziegel, noch dunkler erscheinend durch weiß umrandete Fenster und Türen, manchmal von weißem Fachwerk gestützt, Stufen zur Straße über den abfallenden Rasen hinab: Guten Morgen, Mister Benjamin Franklin! Aber so heißt heute nur noch der schwarze Briefträger, der Briefe gar nicht trägt, sondern fährt, aus seinem Kleintransporter die Post nimmt, in die Kästen wirft und weiterfährt.

Hinter den Grundstücken beginnt Laubwald, reiner und rötlich, lautlos und auf stark gewelltem Boden; Täler und Kämme setzen sich fort und wollen nicht aufhören, von Schichten trokkener Blätter zugedeckt. Als ob aus einer Erdfalte gleich unser roter oder herbstlich verfärbter Bruder auf uns zutreten würde, in Hirschleder gehüllt, den Bogen auf dem Rücken, Tomahawk und Kalumet an der Seite, wie auf zeitgenössischen kolorierten Kupferstichen. Aus dem Wald kommt statt dessen eine Zusage absoluter Einsamkeit: »The buffaloes are gone and those, who saw the buffaloes are gone«, heißt es in einem Gedicht von Carl Sandburg, und nirgendwo sonst als zwischen diesen hohen schlanken Stämmen macht sich die Menschenverlassenheit der Natur so melancholisch bemerkbar wie in diesem gepflegten Vorort der Hauptstadt.

Im Zentrum: breite Boulevards, weitläufige Anlage, großflächig, großzügig, bebaut mit architektonischem Pseudogriechentum, bombastischen Tempeln: in einem sitzt als offenkundige Analogie zum ausschließlich durch Berichte bekannten Zeus von Olympia ein marmorner und gigantischer Abraham Lincoln in sonst leerer Halle und blickt mit blinden Augen über die Köpfe der Besucher hinweg und durch die offene Säulenreihe hindurch ins Freie und auf das langgestreckte, mit dem Lineal eingegrenzte Wasserbecken, an dessen fernem Ende ein ebenfalls von Gigantomanie errichteter Obelisk zu sehen ist: The Washington Monument. Drinnen steigt ein Lift bis in die Spitze, und rund um die superägyptische Erektion auf dem Hügel ein weitgespannter Kreis von Masten, an jedem das Sternenbanner: alles in ungeheuren Ausmaßen, nicht den klassisch menschengemäßen entsprechend, fremdartig, uneuropäisch, als habe eine extraterrestrische Zivilisation in der Erdbewohnernachfolge die Symbole und Repräsentationsformen einer vergangenen Menschheit übernommen und für die eigenen Zwecke ohne wirkliches Begreifen abgewandelt – was in einem tieferen Sinne auch stimmt, da ja längst vergangener Stil adaptiert wurde, und wenn auch nicht von einer außerirdischen Gesellschaft, dann doch von einer, deren emotionale Fäden zur Erde gelockert sind.

Georgetown: die Altstadt aus der Zeit König Georges, ein Rest von Merry Old England mit vielen kleinen Läden, Restaurants, eine Oase für Spaziergänger und Architekturstudenten: kein Haus gleicht dem anderen, obwohl ihr Stil derselbe ist: Vielfalt trotz Einheit. Vorgärten, Treppen, alte Bäume, antik scheinende Lampen, über den Bürgersteig gereckt, leuchten sich eins, und falls man dann noch ein altfranzösisches Lokal betritt, wo die Bedienung barock gekleidet und die Einrichtung dementsprechend ist, könnte man meinen, man wäre mit H. G. Wells' Zeitmaschine nach Georgetown gelangt, das, altmodisch und gestrig, zum Klassizismus von 1920 und zur babylonischen Kahlheit von 1972 einen trostvollen Gegensatz bildet.

Ankunft über Queensboro Bridge

Grün, ein giftiges, ausgesprochenes Grünspangrün, gebrochen durch Ablagerungen von Luftverschmutzung; unter dem Grün das pure Eisen, Tonnen und aber Tonnen Streben, Bögen, Verstrebungen, Halterungen, Stützpfeiler und Träger, dicht besetzt mit Nietenköpfen, ein großer grüner Aufwand, um in einem alten gelben Taxi über den Fluß zu gelangen; für unser Zeitempfinden ein zusätzlich endloser Aufwand: unsere Aufmerksamkeit ist dermaßen gesteigert, daß sie durch verstärkte Absorption von Umwelt (als da ist: Queensboro Bridge und die von ihr in rhythmisch vorbeirutschende Blickfelder unterteilte Ostseite Manhattans) die Zeit subjektiv dehnt. Wie durch ein Gesellenstück, Modellarbeit für einen verspielten Erwachsenen, geht es dahin, und diese Assoziation des Spielzeughaften, der relativen Kleinheit wird bewirkt von der Altertümlichkeit der Konstruktion: eine optische Täuschung und diese das Ergebnis einer emotionalen, welche uns alles Alte und Ältere kleiner als Gegenwärtiges erscheinen läßt bei objektiv gleichen Abmessungen. Die Naheinstellung des Auges genießt gierig die unübersichtliche Verschränkung von Diagonalen und Vertikalen, grün, wie gesagt, eisern und schmutzig. Im selben Moment jedoch leistet das Auge das Außerordentliche, auch noch teleskopisch und scharf die in Brückensegmente zerteilte Betongebirgslandschaft wahrzunehmen, durch das Erstmalige der Ansicht zu dieser wunderbaren Leistung befähigt. Links erhebt sich die glänzende Schachtel, in welcher die Vereinten Nationen, weder vereint, geschweige denn einig, mit jeweils einigen Exemplaren untergebracht sind: eine Ameisensammlung, meist exotische Arten und täglich zu besichtigen. Rechts Hospitaltürme, von denen wir noch nicht wissen, wir würden in vierzehn Tagen aus einem von ihnen, und zwar aus dem zwanzigsten Stockwerk, auf die soeben durchfahrene Brücke, und nicht nur auf sie, hinabsehen: schon schwingt sie abwärts, kein Wasser mehr unter uns, bereits mit Menschenwerk bedeckter Fels, diese den Indianern für ein paar Dollar abgekaufte Halbinsel, nun voller Lagerhäuser, ehemaligen Faktoreien, Gebäude, von unterschiedlicher Nutzung heruntergewirtschaftet, abbröckelnde Schriften, auf den Dächern die zerfallenen hölzernen Rotunden der Wasserbehälter, Fassaden, seit jeher vom wirbelnden Dreck einander farblich angeglichen, flatterndes Zeitungspapier, Autowracks, dazu Gestalten, schwer zu erkennen, uneindeutig, insgesamt noch überwölbt von der Brücke, ehe sie, bereits in Manhattan, mit einer Schleife in eine Straße ausläuft.

East 86. Street

Unsere neue Adresse für vierzehn Tage: East 86. Street, inoffiziell: »Sauerkraut-Boulevard«. Die Straße, der Bezirk, genannt Yorkville, sind hauptsächlich von Deutschen bewohnt gewesen: die ethnische Ausschließlichkeit besteht nicht mehr. Doch ist der Anteil der Deutschen immer noch hoch.

Schräg gegenüber unserer Unterkunft: Bremen House, ein Feinkostgeschäft, stets von Kunden überfüllt, weil die amerikanischen Lebensmittel zum Erhalten des Lebens ausreichen, von Geschmacksnervenbesitzern jedoch nur mit Mühe bewältigt werden können. Einige Schritte weiter Café Hindenburg, eine ferne Erinnerung an den Generalfeldmarschall und Mitverlierer des Ersten Weltkrieges, späteren Reichspräsidenten und das Modell für die Gestalt des alten Dogsborough in Brechts ›Arturo Ui‹. Deutsche Reisebüros, Papierwaren und Bücher, deutsche Schallplatten à la ›Rheinische Fröhlichkeit‹ und ›Schwarzwälder Kuckucksuhr‹, angereichert mit Hildegard Knef, ein Zugeständnis an die Nachgebornen. Dann: das Hofbräuhaus, draußen weiß-blaues Rautenmuster, flankiert von IZUMI, einem japanischen Kramladen, und Woolworth: drinnen ginge es bayerisch zu, wären nur genügend Gäste anwesend.

Deutsche Namen an Läden, deutsche Waren, das heißt westdeutsche, und nur in einem schmalen, aber langgestreckten Schmuckgeschäft, wo außerdem Negerplastiken, chinesische Elfenbeinschnitzereien, mexikanisches Kunstgewerbe von zwei älteren Ungarinnen feilgehalten werden, stehen Nußknacker stramm, die ihre Herkunft durch einen Stempelabdruck unter ihren vereinheitlichten Stiefelsohlen vorweisen wie zugleich verbergen: MADE IN GERMANY (EAST). Die gleichen rotlackierten martialischen und hölzernen Herren trafen wir schon im Souvenir-Shop eines Washingtoner Museums (lang ist's her!), und sie scheinen der hiesige Hauptimport aus unserer Heimat zu sein, den falschen Eindruck erweckend, letztere sei von vorindustriellen Eingeborenen bewohnt, die mit diesen starren, aber großmäuligen Figuren eine Selbstdarstellung in alle Welt versenden.

In Richtung Central Park verliert die Sechsundachtzigste ihr deutsches Wesen, an dem auch in Amerika niemand genesen ist; bereits an der Lexington Avenue ist es aufgelöst, verschwunden unter der Vorherrschaft des amerikanischen. Erkundigt man sich nach der Einwohnerschaft Yorkvilles, sind zwei alternative Antworten möglich: Erstens, »Das sind doch alles Juden ...«, beziehungsweise: zweitens, »Das sind doch alles Nazis, die waren doch alle im Kriege interniert ...« Zieht man das Ausschließlichkeit beanspruchende »alle« ab, nähert man sich der Wahrheit, und mehr ist in keinem Fall zu erreichen: als sich einer Wahrheit anzunähern, welche besagt, daß der »Deutsch-Amerikanische Bund«, eine Naziorganisation unter einem Fritz Kuhn, trotz eifriger Anhänger nicht besonders erfolgreich war:

»Die amerikanischen Nazis errichteten neun verschiedene

Lager, in denen Knaben und junge Männer so etwas wie eine paramilitärische Grundausbildung erhielten. Etwas von den Wirkungen dieser eifrigen Ausbildung wurde öffentlich sichtbar, als Kuhn zu einer massiven Demonstration nazistischer ›Macht‹ in Amerika aufrief und die zögernd gewährte Genehmigung der New-Yorker Polizei erhielt, eine Parade zu veranstalten. Doch wenn dieses Schauspiel irgend jemand in Angst und Schrecken versetzen sollte, so war es eher eine Pleite. Ungefähr neunhundert Mann marschierten in ihren Bund-Uniformen unter amerikanischen Fahnen und Hakenkreuzbannern durch den New-Yorker Stadtteil Yorkville, aber fünfzehnhundert Polizisten mußten sie beschützen. Viele Zuschauer machten ihrem Unmut durch Buh-Rufe und lautes Zischen Luft, sogar in diesem überwiegend von Deutschamerikanern bewohnten Stadtteil, und ein Umstehender, der eine Hakenkreuzfahne mit erhobenem Arm grüßte, erhielt von einem anderen einen Schlag auf die Nase.« (Zitat aus Richard O'Connors, ›So wurden es 33 Millionen‹.)

Obwohl: es gab reiche und prominente Amerikaner, welche sich zielstrebig und mit einem gewissen Erfolg für Herrn Hitlers Drittes Reich einsetzten, wie der auch heute noch recht bekannte Avery Brundage; als Kuhn nach einer Deutschlandreise im Madison Square Garden einen »Deutschen Tag« veranstaltete, waren immerhin zwanzigtausend Menschen gekommen:

»Auch Hans Luther, der deutsche Botschafter in den Vereinigten Staaten, und Avery Brundage, der Präsident des Amerikanischen Olympischen Komitees, traten als Redner auf. Brundage hatte gerade eine scharfe Auseinandersetzung mit Gegnern des Hitlerregimes erfolgreich hinter sich gebracht, bei der es um die Frage ging, ob die Vereinigten Staaten eine Mannschaft zu den Olympischen Spielen in Berlin entsenden sollten. Nun erhielt Brundage frenetischen Beifall, als er der Menge versicherte, die Vereinigten Staaten müßten vom nationalsozialistischen Deutschland viel lernen, wenn sie ihre Institutionen zu bewahren wünschten.« (O. John Rogge, ›The Official German Report‹, New York 1962.)

Diese damalige Rede scheint Brundage qualifiziert zu haben, Präsident des Internationalen Olympischen Komitees zu werden und immer weiter und weiter irgendwelche Reden zu halten: ein lebender Zeuge dafür, daß man in unserer Ära seine Gesinnung folgenlos wechselt und die Spekulation auf die Vergeßlichkeit der Zeitgenossen eine exakte und richtige Kalkulation ist.

Heute scheinen die Deutschen, sobald sie nicht als Flüchtlinge aus Avery Brundages Gelobtem Land kamen, ohne politische Ambitionen. Die großdeutschen Träume, von denen auch das Auslandsdeutschtum nicht unbeeinflußt blieb, sind seit langem ausgeträumt: vorbei, vergangen, nie wieder. Nur im Unterbewußtsein schwärt überständiges, zum Grotesken tendierendes Deutschsein weiter, und zwar in seiner spezifisch spießigen Erscheinungsweise. Wer die »Deutsche Welle« in New York hört, einen hauptsächlich Werbesendungen und »Heimat«-Nachrichten ausstrahlenden Sender, der erfährt nicht ohne Staunen, daß das Schuhgeschäft XYZ in der 86. Straße wieder eine Lieferung von »Salamander« erhalten hat: »Es sind Schaftstiefel aus Deutschland eingetroffen, und auch der Gute-Muttchen-Schuh ist wieder vorrätig ...«

In Schaftstiefeln und Guten-Muttchen-Schuhen *treten* uns verdinglicht die Gemütsverfassungen einer Vergangenheit entgegen, deren historische Resistenz bewundernswert wäre, gälte sie nur einer besseren, allgemeiner gültigen Sache.

Termitenbau

Wie viele Leute wohnen mit kurzfristigen Gästen in dem Apartment House Nummer 315 in der 86. Straße? Tausend? Zweitausend? Und was heißt hier überhaupt noch Haus?

Eine babylonische Angelegenheit, außen mit weißen Kacheln verkleidet, Eindruck auch äußerer Sterilität, die Außenwelt der Innenwelt, so zeigt es sich. Vorgezogenes Dach überm Eingang, Regenschutz für die aus dem Wagen Steigenden, hinein in die Drehtür, bewacht von zwei Zerberussen, (was keine ethnische Anspielung enthält) mit Blumenkohlohren und lädierten Nasenbeinen, Kennzeichen einstiger Profession, in schokoladenfarbenen, goldbetreßten Portiersuniformen: je nach Laune oder dem Grad der Bekanntschaft greifen ihre Pranken samariterisch zu und entdrehen den Eintretenden dem vertikalen Zylinder. »Zu wem wollen Sie?« wird jeder gefragt, denn im Rücken der

Empfangsherren besagt ein Schild: EVERY VISITOR MUST BE ANNOUNCED!

Wer keinen Namen zu nennen weiß, kommt nicht durch. Wir wissen einen. One Moment, please! Während der eine wachsam den Besucher beobachtet, bereit, ihm mittels muskulärer Aktionen den Eintritt zu verwehren, telefoniert der andere mit höheren Regionen.

»Sie werden erwartet. Elfter Stock. Apartment XY.« Der uns Erwartende hat für uns gutgesagt: darum werden wir nicht hinausgeworfen, was gewiß geschähe, hätte uns (ohne Hahnenschrei und biblisches Motiv) unser Gastgeber in spe verleugnet. Nun hilft man uns sogar die Koffer zum Lift schleppen. Nun passieren wir auf diesem Wege durch eine bahnhofsähnliche Halle einen Nebenraum, voll von den Briefkästen der hierorts hausenden Termiten: zwei Postler, deren Lastwagen draußen parkt, sind von morgens bis mittags (und manchmal darüber hinaus) damit beschäftigt, aus aufgeknüpften Leinwandsäcken die Post in die bezifferten und benamten Blechschatullen zu sortieren: die für eine mittlere europäische Kleinstadt übliche Menge.

Im elften Stockwerk um eine Ecke und in einen langen verlassenen Gang, erneut einen offenen Raum im Vorbeigehen einsehend: darinnen diesmal kein Postbeamter, sondern die Waschmaschine rotiert, die Schleuder schleudert und der elektronische Trockner trocknet und wo der Müllschlucker alles schluckt, was zu waschen nicht mehr lohnt: der gleiche Vorgang auf jeder Etage.

Da öffnet sich die Tür XY, man erwartet uns, begrüßt uns, läßt uns ein: für vierzehn Tage. Und wenig später erhalten wir in einer freundlichen, aber Aufmerksamkeit fordernden Zeremonie die Schlüssel.

Auch den für die Haustür?

Nein: die ist immer offen, bewacht rund um die Uhr, und am Abend erscheint noch ein Polizist und gesellt sich zu den »Doormännern«, um es exakt deutsch-amerikanisch auszudrücken. Dieser kleine Schlüssel, look here, ist für das Kunstschloß, der hier für das Riegelschloß, und dieser ist für den Drücker: bitte immer gut abschließen! Wir wollen es gleich probieren. Wir üben Türabschließen und -aufschließen, Aufschließen und Zuschließen. Und wenn es klingelt, erst hinter der Tür fragen, wer draußen ist. Und nur mit Sicherheitskette öffnen!

Nachdem wir unsere Lektion in Sachen Selbstschutz gelernt, bereiten wir uns auf den ersten Spaziergang vor, eigenbeinig Midtown Manhattan zu ergründen. Doch ehe wir die Tür (regelgerecht) aufmachen und sachgemäß hinter uns versperren können, trifft uns die Frage, wieviel Geld wir eigentlich bei uns trügen.

Fünfzig Dollar.

Fünfzig Dollar!?, und diese ungläubig fragende Wiederholung läßt uns ahnen, wir seien dabei, etwas zu unternehmen, was nur einem Fußmarsch im Adamskostüm durch den Central Park gleichzusetzen wäre. Fünfzig Dollar sind viel zuviel! Zwanzig allerhöchstens! Das reicht, wenn man ausgeraubt wird.

Ja, aber ...

Aber zwanzig müssen es sein; die Leute, die weniger bei sich haben, werden meist aus Wut über die geringe Summe erstochen. Zuwenig also auf keinen Fall! Werden Sie mit der U-Bahn fahren? Setzen Sie sich niemals in einen leeren Wagen. Auch nicht in einen, wo nur einer drin sitzt oder zwei, das ist viel zu gefährlich! Und wenn es Abend werden sollte, ehe Sie zurück sind, niemals durch Straßen gehen, in denen nur Geschäfte sind: da ist man rettungslos jedem Überfall ausgeliefert, weil die Geschäfte ja alle geschlossen sind; besser durch Straßen mit Apartmenthäusern, da kann man sich immer in ein Haus und zu den Doormännern flüchten, falls man verfolgt oder angegriffen wird.

Weiterhin erfuhren wir, Yorkville sei eine »gute« Gegend, noch nicht funktional entmischt: Apartmenthäuser wechseln mit Banken, mit Kinos, Restaurants (die lange geöffnet sind); Wohn-, Arbeits- und Vergnügungsbereich in beinahe klassischer Verbindung vorhanden, was Sicherheit auf der Straße bedeutet. (Am nächsten Morgen zum Frühstück in der ›New York Times‹ gelesen: 86. St. Ecke 1. Av. [gleich links von uns] sei morgens ein Mann an der Bushaltestelle erstochen worden und ausgeraubt und wenig später 86. St. Ecke 2. Av. [gleich rechts von uns] ein Mann, der aus seinem Laden gekommen, um in sein Auto zu steigen, niedergeschossen worden.)

Da stehen wir auf der Straße, mit viel mehr als nur fünfzig Dollar in der Tasche und zusätzlich mit Travellerschecks ausgerüstet, bereit zur Erkundung der hoch bebauten schmalen Landzunge zwischen Hudson und East River, und wenn wir in einigen Tagen schon alte New-Yorker sein werden, führen wir zwar nicht weniger Geld mit, aber doch nur kleine Scheine, weil es fast unmöglich ist, eine Fünfzigdollarnote zu wechseln. Selbst im ehrbar-deutschen Restaurant in der 86. weist man unsere gute grüne Banknote zurück: keiner möchte sich einen falschen Fünfziger andrehen lassen, und schließlich kann jeder Fünfziger falsch sein. Bei kleineren Scheinen ist auch das Risiko kleiner.

Und so stolziert man in die First National City Bank, von der man (mit Aufschlag) in Austin die Travellerschecks erwarb (So gut wie bares Geld, Sir!), um dieselben in echtes Geld umzutauschen und das Geld in Kleingeld. Aber siehe: die First National City Bank weigert sich, mehr als einen der von ihr selber hergestellten und in Umlauf gesetzten Schecks anzunehmen: Hundert Dollar, Sir, und nicht mehr! Sollte der Reisescheck falsch sein, ist der Verlust nicht zu groß.

So wurden wir zwar nicht überfallen, was wir immerhin für möglich gehalten, dafür jedoch enttäuscht durch die Schwierigkeiten, die in der reichsten Stadt des reichsten Landes der Erde entstanden, ein Mittagessen mit dem Geld zu bezahlen, hinter dem die Leute unaufhörlich her sind.

Fifth Avenue am Vorweihnachtssonntag

Eisiger Wind, da man aus der 86. Straße auf sie, die berühmte Magistrale, in der Höhe von Central Park hinaustritt. Es ist Sonntag, der 17. Dezember, und der Park, ein nur mäßig bewachsenes Rechteck auf nacktem Fels, leerer als am Tage der Entdeckung Amerikas. Wind, der Ohren und Hände, selbst behandschuhte, anästhesiert, trotz einer grellen, aber nicht wärmenden, eher die Kälte betonenden Sonne: er bläst durch die Geometrie Manhattans nicht nur hindurch, sondern, durch ebendiese Anlage gefördert, besonders ungehemmt. Schnurgerade verlaufen in West-Ost-Richtung die numerierten Straßen, in Nord-Süd-Richtung die Avenues, so daß man entweder mit oder gegen den Wind läuft, zumindest aber – falls man ihn schneidet – an jeder Straßen- oder Avenueecke von seiner weit ausholenden Wucht getroffen wird. Der eingeborene New-Yorker, heißt es, sei mit den Windverhältnissen und ihrem Zusammenspiel mit den Straßenzügen dermaßen vertraut, daß er bei stürmischem Wetter, häufig den Damm kreuzend, bestimmte Fassaden meidend oder bevorzugend, fast im Windschatten seinen Weg zurücklege: eine Art indianisches Erbe. Unsachkundige überfällt die polare Zugluft mit aller Kraßheit und treibt sie zum stampfenden Marschieren an: südwärts den Park entlang, ohne Aussicht auf den kleinsten Windschutz, aus dem man nach kurzem Atemholen und Ohrenreiben neu ermutigt hervortreten könnte. Gegenüber und parallel zu uns verlaufen Hotel- und Apartmenttürme, abweisend und in sich gekehrt, nur einmal von einem lautlosen Cadillac aufgesucht. So vergehen die Straßen von Nummer 86 bis Nummer 59 nur sehr langsam: Grand Army Plaza wird erreicht, die südliche Parkgrenze, und endlich erheben sich auch rechter Hand himmelhohe Flächen: ab hier ist des vorweihnachtlichen Sonntags wegen die Fifth Avenue für den Verkehr gesperrt. Eine breite, beinahe menschenverlassene Schlucht, geteilt von einem scharfen Schlagschatten. Zur Rettung von Ohren und Nase und Fingern bietet ein eher für das seelische denn für das körperliche Heil bestimmtes Bauwerk Zuflucht: die Saint-Thomas-Kirche, über deren kurze Geschichte es mehrfach heißt: »destroyed by fire«, zum letzten Male 1905, 1911 in ihre jetzige Form gebracht: mit einem Fassungsvermögen für 1600 Leute, die augenblicklich sonstwo weilen statt an dieser für sie errichteten (Gott sei Dank vollklimatisierten) Stätte. Nach kurzem Auftauen wandert man weiter.

Ein geschlossener Lastwagen, die Rückklappe ein Kasperletheater: quäkender Dialog aus dem Lautsprecher auf dem Dach, zappelnde Puppen fesseln einige frierende Kinder, einige fröstelnde Eltern ans Pflaster. Auch die Schaufenster rufen es jedem zu: Santa Claus naht! Ob Tiffany, das teuerste Geschäft für verarbeitetes Edelmetall und Edelsteine, ob der Gemischtwarenladen daneben, Chaos von Häkeldecken, Schallplatten, Kitschaschenbechern, Fotoapparaten, Radios – A happy Christmas to you! Und bevor man erneut auf weitere fahrbare Handpuppenvorstellungen stößt, schaut man einem Schlittschuhläufer zu, der auf einer grünen Kunststofffläche von 2,50 mal 2,50 Meter seine Schleifen zieht. Wirkliches Eis, echter Schnee fehlen; nicht einmal eine zugefrorene Pfütze, auszurutschen und sich ein Bein zu brechen, ist vorhanden. Nur diese durchdringende Kälte zwischen kulminierendem Beton, die Grelle reflektierendem Glas, Aluminium, Stahl. Außer in der Park Avenue, deren Mittelstreifen ein Grünstreifen bildet, existieren in den Straßen Manhattans keine Gewächse, keine botanischen Kontrapunkte zur allgemeinen Versteinerung.

Die Lider vor der Helligkeit zusammengekniffen, den Kopf im Genick, das Gesicht aufwärts: Rockefeller Center, unübersehbar, und gegenüber, schwärzlich und wie ein verirrtes Schaf zwischen den Wölfen, Saint Patrick's Cathedral und die erneute Möglichkeit zum Aufwärmen. Gerüste, Restaurierungsarbeiten, Polizei auf den Stufen, Hippies, junge Leute, eine Lautsprecheranlage wird aufgebaut, ein Twen mit Gitarre, bärtige Typen, es bereitet sich was vor, ob's ein Protest oder ein Preisgesang werden soll, wir erfahren es nicht, denn lange vor Beginn trieb der Wind uns weiter, über einen düster nach Osten abfallenden Canyon, berüchtigt durch seine Nummer, Assoziationsauslöser für Prostitution, Pornokinos, Spielhöllen, Rauschgift, Kriminalität, Gangsterunwesen: 42. Straße. Nur ein paar Bauwerke hinter der Ecke setzt die Verkommenheit ein, Kneipen, Altkleidergeschäfte, undefinierbare Läden, eine schmale durch Grade von Verbrauchtheit deutliche Grenze, Eingang zur Unterwelt, strahlend übergipfelt vom Chrysler Building, die Kuppel, als hätte einst Zadkine letzte Hand an sie gelegt, funkelt hoch droben im Licht der hier unten schon schwächeren Sonne: Nachmittagsstimmung.

Weiter nach Westen kreuzt die 42. Straße den Broadway, wo er selber in den Times Square übergeht, jener berühmte Punkt, genannt »Crossroads of the World«. Dort heißt der Broadway »The Great White Way«, seiner Lichterfülle wegen, doch aus diesem Bereich abwärts nach Downtown wird er zu einer Straße voller Schmutz, Brüchigkeit, geheimnisvoller Unbelebtheit, wenn er die Bowery passiert, die Endstation der Trinker und Süchtigen, die selbst von Polizei ungern betretene Verfallslandschaft, wo das wiederkunftslose Verschwinden von Menschen alltäglich ist: ein Orkus, ein Ort langsamen und schnellen Sterbens, eine behauste Schädelstätte, die Ambrose Bierce, den amerikanischen Klassiker, spurlos aufgesogen haben soll.

Auf der Freitreppe der Public Library (eine späte Verwandte des klassizistischen Alten Museums in Berlin und wie dieses von zwei »majestätischen Löwen bewacht«, Reiseführer-Zitat) tanzen Mädchen und Jungen, schulpflichtige Schotten im Kilt, heben blaugefrorene Knie, Tänze einer Heimat, von der sie vermutlich nur durch Bücher oder mündlichen Bericht Kenntnis haben. Der Dudelsack schrillt, die Arme erhoben, die Hände zierlich nach innen über den Scheitel gewinkelt, hüpft es zwischen ausgelegten Säbeln umher, als ob das in Edinburgh obligatorisch gewesen; und weiter stapft der Zuschauer, um nicht selber noch auf den Pflasterplatten anzufrieren, geht die sanft abfallende ausgestorbene Avenue hinunter. Nie wieder wird sie für uns so einsam sein, einem Waldweg an Wochentagen ähnlicher als einer Großstadtschneise, und am Ende des Weges (für heute: faktisches Ende geböte erst das Wasser der »Upper Bay«, das Ufer, befestigt, bereiht mit Landungsstegen bei »South Ferry«, dem südlichsten Punkt) zielt in der totalen Verlassenheit und Verkehrslosigkeit dieses unvergeßbaren Tages das »Bügeleisenhaus« mit seiner Spitze auf uns: der erste Wolkenkratzer der Stadt, erbaut vor über fünfzig Jahren, spaltet, schärfer sein Winkel als ein Schiffsbug, Fifth Avenue und Broadway, die rechts und links an seinem alten Ziegelkörper vorbeigleiten. Seine hochragende Vorderkante (gegenüber Madison Square) berührt die 23. Straße, was besagt: dreiundsechzig Straßen haben wir überquert, dreiundsechzig Blocks liegen hinter uns. Verkehrsampeln zeigen ihr Rot und Grün für niemanden. Kein Wagen, die Signale zu befolgen, ist da und kein Passant, daß er den Damm nach der Regel überschreite. Hinter dem Triangeldach des Flatiron Building verschwindet soeben das Zentralgestirn unseres Planetensystems, und ein Medium zur Verstärkung der Einsamkeit, ein bläulicher Dunst nämlich, ersetzt an diesem Schnittpunkt zwischen den Bauten das Licht. Erschlüge man uns jetzt oder überfiele uns, und schrien wir auch mit den Stimmen von Sirenen oder Nebelhörnern, keiner ist da, der uns hören würde. An keinem der zehntausend Fenster ringsum ein Gesicht, eine menschliche Silhouette. Es ist die absolute Verlorenheit im stillstehenden Herzen von Manhattan (aber das hat viele und ist selber das New Yorks, welches wiederum das des Landes ist). Stille und Verlorenheit: stumme Schlüsselwörter, auf einmal Wirklichkeit geworden, da Leben, kinetisches wie akustisches, aufgehört hat und Unheimlichkeit das Vakuum ausfüllt. Selbst der eisige Wind hat sich unauffällig gelegt. Es ist Abend. Es ist nichts da außer uns, und wenig später ein Geschenk der Götter: das gelbe Taxi, das uns heimbringt.

Subway

Heran rollt ein Inscriptorium, lärmend und langgestreckt, vorgeblich Untergrundbahn aus poliertem Aluminium, aber weder von diesem, geschweige denn dem einstmals glänzenden Zustand wird etwas unter den Inschriften sichtbar. Ausnahmslos alle Wagen tragen von Dach bis Bahnsteigkante, einschließlich der preßluftbetätigten Türen, Initialen, Zeichen, Vokabeln, farbig aus der Sprühdose oder mit wasserfestem Filzstift angebracht. Nach dem Einsteigen: innen der gleiche Anblick. Und was besagen die Schreibkünste? Außer Eindeutigkeiten wie »Love« plus Ausrufezeichen oder anderen, weniger romantischen Four-Letter-Words bedeutet ein Signum wie »Terry 154«, daß Terry aus der 154. Straße allen Untergrundbahnbenützern seine (für ihn) einmalige Existenz hiermit kundtut. (Für den Kundigen ist Terry ein schwarzer Junge aus Harlem, das bereits bis zu den neunziger Straßen nach Süden vorgedrungen ist: und die Expansion geht weiter.)

Niemand sieht hin: zu viele Terries aus viel zu vielen Straßen haben sich an den Verkleidungen, Fahrplänen, Werbeschildern, sogar den Glasscheiben der Fenster verewigt, so daß die Absicht, durch den eigenen, schwungvoll hingesprühten Namen auf sich hinzuweisen, durch die Multiplikation wieder aufgehoben wird. *Kieselack*, jener klassische Graphomane, der im Postkutschenzeitalter seinen Namen mittels Schablone jeder einigermaßen sehenswerten Bergkuppe aufzwang, durfte als erster und damals einziger der Aufmerksamkeit sicher sein; hier gehen die Zeichen ineinander über, decken sich und ergeben unabsichtlich ein Werk der Pop Art, in das eingeschlossen man tief im Fels unter Manhattan dahinrumpelt: für die meisten ist es jedoch nur ein Expreßzug, unsernfalls der IRT, von Woodlawn – Jerome Av. in der nördlichen Bronx kommend und in South Ferry an der Südfähre, der äußersten Spitze der Halbinsel, am Battery Park endend, der auf seiner Fahrt nur alle dreißig, vierzig Straßen stoppt.

86. St., Ecke Lexington, wo der U-Bahn-Eingang in Gimbels Kaufhaus untergebracht ist, kaum eingestiegen, zwischen 42. St./Grand Central Station die Türen auf. Terry 154 zieht sich für einen Moment in die Waggonwände zurück. Die Passagiere, in der Minderheit Weiße, die überwältigende Mehrheit

von Hellbraun bis zu einem lila schimmernden Schwarz, drängen hinaus, neue herein: aus Harlem oder nach Harlem zurück, vom oder zum Arbeitsplatz in Downtown. Terry 154 erscheint und verschwindet aufs neue an der 14. Straße, um uns auf einer Station den Ausstieg freizugeben, wo die nackten Stahlträger mit B. B. gekennzeichnet sind: kein Hinweis auf das französische Sexsymbol aus der Mitte des zwanzigsten Jahrhunderts, sondern nur die Kurzform von »Brooklyn Bridge«. Stufen hinauf: die zum Tageslicht führenden hausbreit, unterteilt von kannelierten Gußeisengeländern; nach drei Seiten offenes Parterre eines antiken Wolkenkratzers: hervortretend erblickt man zwischen Hochhäusern das Stadthaus von 1803, steinalter Greis, rührend und unpassend; innerhalb seiner vorhergehenden Fassung wurde die Unabhängigkeitserklärung verlesen: Washington war dabei und hörte zu; anschließend fuhren die Gründer der Vereinigten Staaten mit der Subway wieder nach Hause.

Wer aber schon an der 42. aussteigt, sollte nicht versäumen, auf einem Treppenabsatz rechter Hand vorm Ausgang die schamlos offenen Klosetts zu bestaunen: dort saß ein älterer und ziemlich fülliger schwarzer Herr, die stämmigen nackten Beine aus den herabgesunkenen Hosen ragend, Mahagonisäulen, glasig und doch intensiv starrend, singend und scheißend zugleich, während neben ihm, durch eine halbhohe Betonwand getrennt, ein gleichfalls Betrunkener unter heftigem Schwanken sichtlich urinierte, ohne sich den Teufel um jene zu scheren, die an diesem ziemlich Breughelschen Gemälde naiver, doch besoffener Ungeniertheit vorbeidefilierten.

Gen Nachmittag erscheinen, wie von den schmutzüberzogenen Kacheln emaniert, Doppelposten der Polizei. Gelangweiltes Spiel mit dem Schlagstock; propellerartiges Kreisen, klatschendes Klopfen mit dem Knüppel in die flache Linke: Ungeduld und Lässigkeit, den Rücken zur wachsenden Menge vor den Kassenschaltern: Verkauf kleiner Messingjetons (in der Mitte einen mercedessternähnlichen Schlitz), die in die Einlaßsperre zu werfen sind, damit die bauchhohe Chromstange vor dem eigenen Bauch zurückweiche. Bald auch öffnen sich in den ohrenbetäubenden Zügen, genauer: in den durch schallpotenzierende Schächte rasenden Waggons die Verbindungstüren an den Schmalseiten: Polizei patrouilliert von nun an während der Fahrt durch den Zug – Setz dich nie in einen leeren, setz dich nie in einen nur mit ein, zwei Leuten besetzten Wagen! –, damit uns nicht irgendwer die Fünfzigdollarnote raube, um anschließend die unglaublichen Komplikationen des Geldwechselns zu erleiden, oder daß uns nicht ein Terry mit der Sprühdose auf dem Mantel vermerke, er sei wer, sei nicht namenlos und sogar das Maß aller Dinge (unter anderen acht Millionen Dingmaßen).

Empire State Building

Turm der Superlative. Der höchste der Welt. Einhundertzwei Stockwerke. Von seiner Antennenspitze aus erreichen Mannix und Cannon (oder wie die augenblicklichen Helden und Detektive gerade heißen mögen) acht Millionen Apparate in vier Bundesstaaten. Schiffe auf See erkennt man noch in einer Entfernung von über sechzig Kilometern. Zweiundsiebzig Aufzüge. Die Expreßlifts jagen mit neunzig Stundenkilometern aufwärts, ihr Etagenzähler beginnt erst mit der Nummer 72, und doch steigen sie trotz der Geschwindigkeit derart sanft, daß man, außer dem Druck aufs Trommelfell durch den Höhenunterschied, nichts vom Sturz nach oben spürt.

65 000 Fenster: Alptraum der Hausfrau, zweimal im Monat geputzt. 1860 Treppenstufen vom Straßenniveau bis zum obersten Stockwerk: zum Training für daheim gebliebene Bergsteiger empfohlen. 1600 Angestellte arbeiten in dieser Wabenschichtung, in dieser vertikalen Kleinstadt, für die ein Begriff wie »Haus« wie gutmütige Ironie klänge: das Superding wiegt 365 000 Tonnen; 14 Tonnen als Unterlage pro Person, nicht gerechnet die 200 Raumpflegerinnen und die täglichen 35 000 Besucher, unter denen auch wir uns als numerische Erfüllungsgehilfen der Statistik einfanden, aufsteigen, aussteigen, den Rundgang vollziehen, wie das für Weltreisende gültige Gesetz es befahl.

Aber es ereignet sich, daß die Megalomanie des Bauwerkes die gegenteilige Wirkung hervorruft. Kein Überwältigtsein angesichts unfaßlicher Größe. Statt dessen (und verbunden mit dem gleichen Empfinden, wie es einem ein plötzlich enthülltes

Geheimnis verursacht) ein Umfassen Manhattans, inständig und zugeneigt; Begreifen seiner Kleinheit, die kompensiert wird von seiner Vielfalt, einer unleugbar kosmischen. Das Geheimnis dieses Ortes ist seine Gleichheit mit Universum, wenn auch unter umgekehrter Formel: begrenzt, aber unendlich. Wie der Blick aufs nächtliche Firmament die Phantasie zum Spekulieren über die möglichen und verborgenen, unvorstellbar abweichenden Lebensformen anregt (und Generationen vor uns angeregt hat), so löst das Hinabschauen vom Empire State Building undeutliche Vorstellungen, verschwommene Assoziationen aus: als stünde man auf einer Pyramide von Leibern, von Menschenleben, von Existenzen, jede einzelne eine nie zu entdeckende Quelle, jede einzelne abweichend von jeder einzelnen, unter ungleichen Umständen da unten vorhanden; die unschätzbare Anzahl ihrer Unterkünfte, Keller, Dachkammern, Hinterzimmer, Penthäuser, Souterrains, Höhlen, Grotten, Kammern, Garagen, Flure, Treppen, Stuben, Studios, Läden, Lagerräume, vollgepfropft mit den Rudimenten aller Epochen: ein Museum liegt uns zu Füßen, niemals ganz ergründlich, genau wie der Bereich uns zu Häupten, dem wir eben zwölfhundertfünfzig Fuß näher gekommen sind. Hier oben spürt man dieser extremen Ansiedlung Anziehungskraft, verwandt derjenigen anderer Räume, in denen die Entdeckerlust ewig ungestillt bleibt, je weiter sie eindringt und vordringt, durch keine Gefahr abgeschreckt. Hinter dem Thermoglas der Südfront schwärzliche Silhouetten: die sinkende Sonne verdüstert die der Stadt zugewandten Fassaden, dafür ist das Wasser aus Hudson und East River im Zusammenfluß der Upper Bay pures Silberpapier, leicht zerknittert, eine Fläche greller Reflexion, und auf dieser Fläche winzig unter anderen Winzigheiten: Liberty Island mit der Freiheitsstatue, scharf umrissen vor dem blendenden Hintergrund, eine Schachfigur kosmischer Zwerge, vermutlich: die Königin.

Orchard Street

Unter der Voraussetzung, Telekinese funktioniere und versetze außer minimalen auch umfangreichere Dinge von einem Platz zum anderen, und vorausgesetzt, ein Telekinetiseur habe vor siebzig, achtzig Jahren für sein Experiment eine jüdische Kleinstadt im einstigen Russisch-Polen benutzt, dann ist Orchard Street das beste Beispiel für einen gelungenen Ferntransport. Trotz der inzwischen vergangenen Zeit, der Ursprung bleibt kenntlich: irgendwo aus der Gegend eines galizischen Dornröschenschlosses.

Am Abend besonders deutlich die Herkunft, da, im Gegensatz zum amerikanischen Beleuchtungsprinzip, dem zufolge Schatten nicht zum Licht gehört, hier die Illumination von einem Nachkommen Rembrandts entworfen scheint. Hell und dunkel; grelle Helle von nicht kugelförmig strahlenden Lampen und aus Schaufenstern, daneben krasses Dunkel von Hauseingängen, toten Ladengeschäften, von intensiv finsteren Partien des Bürgersteigs, verursacht durch ungleichmäßige Beleuchtung; an und über niedrigen Fassaden ebenfalls Schwärze, durchbrochen da und dort, wo angestrahlte Schriftbilder hängen, hinter denen die Hausfronten in den Abend zurücktreten. Die alten weichen, eigenartigen Buchstaben der Konsonantenschrift, die Schrift der Bibel und des Talmuds besagen Profanes, folgert man, daß der amerikanische Text unter dem hebräisch-jiddischen die Übersetzung darstellt, nämlich daß Moishe Cohen billige Kleider verkauft, Herr Katzenellenbogen gleichfalls und Arie Weinstock nichts anderes: For the entire family!

Als in den selbstherrlichen Reichen des Ostens das Lesen und Schreiben und zugleich die Bürokratie aufkam, feierte der Übermut der Ämter in ihrer Engstirnigkeit und Weigerung, fremdartige Personennamen anzuerkennen, Triumphe: Wie wer heißt, bestimmen wir! Diese Namen, zwangsverfügt, mit denen ihre Träger zusätzlich diffamiert und verhöhnt werden sollten, bedecken in monumentalen Lettern Hauswände, personalisieren Angebote, schmucklos und ganz unamerikanisch. Auf alten Photographien der Orchard Street, und nur auf diesen noch, flankieren Handwagen die Fahrbahn, vierrädrige Karren mit Bergen von alten Kleidern, abgetragenen Schuhen, verbeulten Hüten. Bertolt Brecht war hier Kunde und hat nach der

Rückkehr aus der Emigration noch lange die »guten alten Sachen« getragen und nicht nur getragen: lobend auf sie verwiesen: Qualitätsware!

Die Karren sind verschwunden wie ihre Besitzer, jene ganz alten, ganz frommen weißbärtigen Patriarchen mit den langen Schläfenlocken unter dem breitkrempigen, flachen schwarzen Hut und im schwarzen Kaftan: dem Habitus der Orthodoxie begegnet man selten. Die Verweltlichung hat vor der Orchard Street nicht haltgemacht und nicht die Massenherstellung. Man verkauft keine getragenen Kleidungsstücke mehr, nicht einmal der Ärmste schlüpfte in abgelegte Hosen, und stammten sie selbst von einem Millionärshintern. Das gegenwärtige Angebot besteht aus der Ramschproduktion der Konfektionsindustrie, aus unverkauften Lagerbeständen der Kaufhäuser und des Großhandels. Die Kunden: schwarze New-Yorker und Puertoricaner. Billiger Einkauf und die Möglichkeit, über den niedrigen Preis noch zu handeln, führen sie her.

Anstelle der einstigen Wägelchen bilden Auslagetische vor Geschäften und äußere Schaufensterumrahmungen aus gespenstisch baumelnden Textilien das zeitgenössische Äquivalent; daneben sitzt auf einem Stuhl der Eigentümer und liest Zeitung, ab und zu den Kopf hebend, ob vielleicht aus jener stehengebliebenen Gruppe schwarzer Mädchen nicht eins kaufwillig ist. Gehen sie weiter, hebt sich die Zeitung.

Es fehlt völlig die Vitalität und das Theatralische entsprechender italienischer Märkte; es fehlt das gestenreiche laute Parlando, das temperamentvolle Wühlen in Jacken, Joppen, Pullovern, Hemden, Unterwäsche, Büstenhaltern, der kritisch-witzige Monolog einerseits des potentiellen Kunden, andrerseits des Verkäufers, das heftige Hin und Her, die bedrohliche Dramatik, welche, ob der Handel zustande kommt oder nicht, rasch verpufft: nichts davon hier, wo es stiller und starrer zugeht.

Aus Dunkelstellen reglose Augen im afrikanischen Pigment, die Anwesenheit eines Gesichts nur von einem schwachen Glanzreflex auf der Haut verraten. Besitzer kleiner Läden, besucht von einem Freund, einem Verwandten, einem Ladennachbarn, vertieft in ein ruhiges, fast vorsichtiges Gespräch, in leisem Ton, um den Rest von Verwunschenheit, die Attraktion für Vergangenheitsforscher, nicht unachtsam und zufällig zu zerstören. Er vergeht ohnehin. Der Orchard Street gehört die Zukunft kaum. Schon dadurch, daß die angebotene Kleidung neu ist und nicht länger Anlaß und Auslöser von Inspiration, nicht mehr Summation aufgehäufter Schicksale, Fundgrube psychosoziologischer Piktographie, hat sie viel von ihrer Bedeutung verloren wie von ihrem Chagallschen Wesen, das sich eher nachempfinden als deutlich erkennen läßt und das – um im Bilde bildender Kunst zu bleiben – durch ein popartistisches eines Tages wohl verdrängt sein wird.

Broadway mit Abweichungen

Fortdauerndes Erinnertwerden an Berlin.

Fast eine Heimkehr.

Sentimentale Begegnung.

Der untere Broadway, wo er zur Lafayette Street parallel verläuft und sich der Bowery nähert, besitzt dasselbe Fluidum jener Straßen, wie man sie heute höchstens noch im Bezirk Kreuzberg findet. Das Schlesische Tor oder die Gitschiner Straße, obschon städtebaulich ungleich, zeigen solche Gemeinschaft von kleinbürgerlicher Kramladenhaftigkeit, ramschigem Großhandel, Kriminalität, lokal gebundenen Lebensumständen, sozialem Abstieg: das Stadium vor der Sanierung, die auf sich warten läßt. Die Unterschiede sind groß und die Ähnlichkeit auch. (Uwe Johnson, vom selben Eindruck frappiert, meint: das resultiert aus der etwa synchronen Entstehungszeit.) Ein ganz bestimmter Zustand des Vernutztseins macht die Verwandtschaft aus. Etwa die Gehsteigplatten, geborsten und aus der Waagrechten geraten. Stark nachgedunkeltes Ziegelgestein. Halbverloschene Buchstaben, Namen vermutlich längst Verstorbener oder von Produkten, seit ehedem hier nicht mehr angeboten und verkauft, falls überhaupt noch hergestellt. Läden, Kunden mit Schaufenstern abwehrend (oder doch nur geldknappe und archäologisch gesinnte anziehend), wo Unterwäsche für Herren sich häuft, olivfarbener Flanell, vielleicht alte Armeebestände, hingeworfene Stapel von Hosen, übereinandergestülpte Mützen, Mäntel, Anoraks, Wetterjacken, Exponate für alle Ewigkeit, in einem Handel, undefinierbar zwischen detail & en gros angesiedelt.

Schaufensterpuppen, grazile Damen, blicklos, die schlanken Finger erhoben in einer Geste, Kopie von Mannequins, zwiefache Unnatur, Wachs plus Pose.

Solche Höhle betreten, die kaum übersehbare Räumlichkeit, schwache Kugellampen an der Decke, der Hintergrund weit im Hintergrund, dunkel gebeizte, fast antike Regale, zusammengestoppelte Ladentische, abgestoßene Stellen, zerschrammt, dahinter ein Mann, eine Frau, höflich und freundlich und etwas geistesabwesend, auf Kundschaft nicht eingestellt, Verbannte oder Verzauberte, die kein Gegenspruch wieder erlöst. Kunden, zwei, von denen der Eindruck ausgeht, sie wären hier bereits Monate anwesend, ohne bisher gefunden zu haben, was sie suchen, wobei sie schon vergessen hätten, was das eigentlich gewesen ist. Kistenweise Wollsocken, Wollmützen, Wollmasken gegen die Kälte. Ringsum unter oder über eichegefaßten Scheiben mit Kantenschliff ruhen, eher: schlummern Dinge, von denen das Auge im Drüberstreifen nur ihr wolliges Wesen feststellt: Strümpfe, Handschuhe, Kappen, Schals.

Haben Sie etwas für meine frierenden Ohren?

Und wahrlich: in einem Karton wimmelt es von Ohrenschützern, auch sie transatlantische Brüder berlinischer Altbürger. Zilles Zeichnungen zeigen sie noch: Wurstmaxen, Weihnachtsbaumverkäufer, Arbeitslose tragen sie und sogar Gendarmen unter der Pickelhaube, Polizisten unterm Tschako. In Berlin waren die ovalen Deckel außen mit schwarzem Samt bezogen, innen mit rotem Flanell gefüttert, und der Bügel, ein Analogon zum Kopfhörer der Detektorepoche vor der Dampfradio-Ära, bestand aus blau schimmernden Stahlfedern, welche die Ovale auf die Ohren drücken; die Federn waren ineinander verschiebbar, um das Gerät jedem Haupte anzupassen: dieses Prinzip ist geblieben, nur ward das Metall durch spannungsträchtigen Kunststoff ersetzt und der schwarze Samt durch schwarzen Kunstpelz: One Dollar, please!

Und der Seitenblick in alle nächsten Straßen, die man kreuzt, sieht sie leer und voller Anschein, sie führten in unbekannte Welten, was sie in Wirklichkeit auch tun, denn wagt man sich in ihr weiteres Gewirr über die Lafayette Street hinaus, betritt man Little Italy, Klein-Italien, die nicht völlig gelungene Kopie von Trastevere, jedoch: die Geburtsstätte der Maffia in New York. Mulberry Street heißt das Synonym für Mord und Terror: ein bräunliches historisches Foto, vor dem Ersten Weltkrieg *geschossen,* bietet eine winzige Gasse dar, vielleicht vier, fünf Schritte breit, links ein holzverkleidetes, rechts ein backsteinernes Haus, niedrig beide, die Außentreppen zu den Haustüren lebensgefährlich, zusammengenagelte Bretter; über das feucht glänzende Pflaster von Haus zu Haus, von Fenster zu Fenster die Leinen mit der Wäsche, heimatlicher Modus, und im Hintergrund, abgegrenzt durch eine Lattenwand, gleichartige Häuser, die gleichen sanft durchhängenden Reihen des Frischgewaschenen; die Mülltonnen noch richtige Holztonnen mit Holzreifen. Rechts im Vordergrund ein zerlumpter Typ, ein doppelläufiges Gewehr zu Boden gerichtet; entsprechend »finstere« Gestalten auf den beiden Treppenplattformen; Frauen lugen aus den Fenstern, erwartend, daß irgend etwas geschähe: »Von armseligen New-Yorker Straßen wie dieser kamen die kleinen ›Gangs‹, die später Imperien des Verbrechens errichteten«, besagt die Unterschrift, und wenn wir weiterblättern in der Zeit, um auch dieses Später kennenzulernen, dann sehen wir an der Ecke Mulberry Street – genau nach achtzig Jahren – »Umberto's Clam House«, ein Muschelrestaurant und eine Sehenswürdigkeit auf der Landkarte MAFIOSOS MANHATTAN: Am 7. April 1972 wird Joseph (Crazy Joe) Gallo (der seinen Konkurrenten Colombo umlegen ließ) im Kreise seiner Familie und Leibwächter während des Muschelessens erschossen. Peter (Pete the Greek) Diapoulas, Gallos Leibwächter, wird nur verwundet. Und etwas weiter in der Mulberry Street, nämlich Ekke Kenmaire Street, heißt ebendiese Ecke die »Genovese-Gedächtnis-Ecke« oder auch »Bad Guy Shrine«, der »Altar des miesen Burschen«: ein Denkmal der Unterwelt. Genovese, der Boss, unterstützte übrigens Mussolini und »had contributed heavily to the Fascist Party«, weil Law and Order und Crime – wir wissen es nur zu gut – eine dreifaltige Einheit bilden.

Nicht nur Little Italy und Manhattan, auch die anderen Stadtteile, Brooklyn, Queens und Bronx, sind übersät mit den Schauplätzen außerordentlicher Ergebnisse der Kriege zwischen den um die Alleinherrschaft kämpfenden *Familien*, und sie und nur sie, nicht die alltäglichen Morde und Überfälle, sind auf dem Stadtplan markiert, der über die Maffia informiert. Auf den Straßen selber, da das Licht sinkt und sich grünlich tönt, stadtgeschaffener Eigendunst die Farben verändert, und die Straßenlaternen, die Beleuchtungen der Läden, die Neonröhren der Reklame aufflammen und umfangreiche Italienerinnen noch einen eiligen Einkauf tätigen, krausköpfige Kinder längliche Spaghettipakete schultern, die Ristorantes sich füllen, sind die wahren Mächte hinter Lebensfülle und deren buntem Abglanz verborgen und werden von dem Fremden, dem Bummler durch dies echte Falsifikat nicht wahrgenommen, während er, immer weiter auf der Mulberry Street nach Süden ziehend, unversehens die Kontinente wechselt, indem er einfach eine Fahrbahn überquert und in Asien anlangt: in Chinatown. Und sollte Little Italy dem Original ähneln, Chinatown könnte das gelungene Duplikat von Hongkong oder Macao sein.

Hausfronten, eingekleidet von senkrecht verlaufenden Schriftbildern, Drachen schlängeln sich über Lokalen, Rot (als Farbe) dominiert, und die roten Telefonzellen tragen geschwungene eiserne Pagodendächer. Obschon weniger umfangreich als andere nationale Residuen, wirkt dieses kompakter, konzentrierter und vor allem: konzentrierter genutzt. Die chinesische Fähigkeit, aus allem etwas Maximales machen zu können, triumphiert: Lokale befinden sich nicht nur im Parterre, auch im ersten, auch im zweiten Stockwerk noch, nur über schmale Stiegen erreichbar. Die Mehrheit der Fenster trägt Firmenzeichen, Export, Import, und man fragt sich, wo eigentlich die durch enge (und auf einmal auch krumme und gewundene), fast Gassen zu nennende Straßen Wimmelnden wohnen mögen, da die meisten Räume kommerziell belegt scheinen. Einst als billige Arbeitskräfte ins Land geholt, der Kuli, von einer Handvoll Reis lebend, sind die chinesischen Amerikaner jetzt im Dienstleistungsgewerbe tätig; in Chinatown besteht das Geschäft aus Andenkenhandel und Restauration, an Teilhabe am Fremdenverkehr, denn daß ausschließlich Chinesen die geschnitzten Kwanongs und Netzukes, die Papierdrachen und Laternchen, die Kimonos und Bronzeglöckchen erwerben, ist zu bezweifeln. So echt chinesisch das Viertel ist, seine Existenz basiert auf der Neugier der Reisenden, der Touristen, die vom Ruf der exotischen Gegend angelockt werden: wie wir, die steile Stufen zu einer Gaststätte vom Umfang eines Altberliner Wohnzimmers emporkeuchen, sogleich grünen Tee serviert bekommen und auf der Speisekarte aus einer unübersehbaren Menge von sättigenden Möglichkeiten etwas auswählen, das, als es auf dem weißen Tafeltuch erscheint, sehr seltsam aussieht und dem Aussehen entsprechend schmeckt. Nieren konnte man erkennen, doch eine weitere Sorte naturwüchsiger Tierteile von ziemlich knorpliger Konsistenz, in talergroßen Stücken, flach, kreuzweis eingeschnitten und weißlich, identifizierten wir erst später in Berlin als die hintere und untere abgezogene Schicht von Zungen: »Chinese people like this food, it is very good ...«, befand der Kellner, und wir stiegen ganz offensichtlich in seiner Achtung, daß wir dieses extreme Gericht gewählt und sogar gegessen hatten (ich nur zu einem minimalen Anteil). Und nachdem wir an der Kasse gezahlt und uns alle äußerst höflich und zeremoniell voneinander verabschiedet hatten, wobei wir glücklich der Versuchung widerstanden, im gleichen hohen nasalen Tonfall zurückzugrüßen, spazierten wir an den Gebäuden, die man – gleich dem Wald im Sprichwort – vor lauter Ideogrammen nicht sieht, vorbei und auf den unteren Broadway zurück, daß er uns weiter südwärts bringe: aus dem »Reich der Mitte« in das nahe Reich der Reichen: Wall Street.

»Stadtgespräch«

Der oberflächliche Beobachter jener vom Sexus bestimmten öffentlichen Bereiche wie Partnertausch-Clubs, Pornographie, Stimulanzien- und Prothesenhandel mag meinen, die Amerikaner hätten den eingefleischten Puritanismus endgültig überwunden und seien nach einer Ära verlogener Konventionen und doppelter Moral in den Angelegenheiten ihrer Geschlechtsteile freie Menschen geworden. Das ist eine Täuschung.

Wer am Kiosk eine Zeitung wie beispielsweise ›National Climax‹ ersteht, um das Neueste aus der Welt der nackten Wahrheit zu erfahren, wobei in dieser Welt die Neuigkeiten rarer sind als in der der Politik, entdeckt unter den üblichen Angeboten von Fotos, Filmen, elektrifizierten Godemichés für einsame Damen, Pülverchen und Tränken zur Regeneration verlorener Kräfte eine ganz besondere, großspurig ihren Gegenstand als »Talk of the Town« bezeichnende Anzeige, welche zugleich in ihrer Werbeweise weniger ein spezielles Organ als die amerikanische Psyche enthüllt:

»Verbringen Sie viele uninteressante Stunden in Ihrem Wagen? Sie können sie mit AUTO SUCK sexuell erregend machen. Kraftvolle Saugleistung begleitet Sie überallhin. AUTO SUCK an den Zigarrenanzünder anschließen. Seine weiche weibliche

Gummiöffnung wird Sie mit erotischer Saugenergie streicheln und saugen. Fühlen Sie, wie die Säfte des Orgasmus aus Ihrem Körper gezogen werden. Lebensechte innere Gummivaginallippen umfangen den Penis und spenden beim Fahren wie beim Parken stundenlang Vergnügen. 35 Dollar.«

Selbst in solcher Annonce meldet sich das schlechte Gewissen einer Nation, deren Ideale niemals auf Lebensfreude, auf sinnliches Glück, auf Muße und Genuß insistierten, sondern von den asketischen Vorstellungen der Pilgerväter geprägt wurden, denen Arbeit und Sparsamkeit höchstes Gut und Reichtum die sichtliche Auszeichnung durch Gottes Gnade war. Der Begriff Verschwendung galt dem der geschlechtlichen Ausschweifung gleich. Aus dieser Haltung stammt eine Maxime wie »Zeit ist Geld«; es ist die Maxime früher Kapitalakkumulation, welche im Bezirk des Eros ihre Analogie im Triebverbot und Enthaltsamkeitsgebot hat.

Dieses unaufhörlich verinnerlichte Zweckdenken, das einstmals den Beischlaf nur zur Kinderzeugung, nicht zur Lust erlaubte, drängte konstant jede sexuelle Befriedigung aus ihrer zentralen Position als der eines erstrebenswerten Zustandes an sich, darin der Mensch seine Totalität zurückgewinnt und sich als Natur erfährt: Vergnügen um des Vergnügens willen war Sünde. Nur in Verbindung mit angestrebter Nützlichkeit gestattete der puritanische Komplex, wie man ihn benennen könnte, den Orgasmus: als eine Zusatzbeschäftigung beim Autofahren oder eben beim Parken, weil Zeit, müßig vertan, den bereits ins Unterbewußtsein aufgenommenen Grundsätzen widerspricht. Eine der wichtigsten Lebensäußerungen degeneriert zum nebensächlichen Bestandteil des nicht mehr wahrgenommenen ökonomischen Mechanismus, in welchem, da Geld und Zeit identisch sind, letztere stets auf irgendeine Art effizient gemacht werden muß, diesenfalls durch technifizierte Masturbation in einer Geschäftspause. Diese doppelte Befriedigung, nämlich neben der leiblichen jene, Zeit rationell genützt zu haben, schafft moralische Balance; dadurch, daß das Niedrige in höherer Absicht geschieht, ist es durch den Zweck ausgeglichen.

Welche Schlüsse sich auch daraus ziehen lassen, unübersehbar bleibt die Verknüpfung mit einem allamerikanischen Problem: männliche Potenzschwäche und weibliche Frigidität. Doch die Heere der Psychiater, Heere in der Nacht, eher dem späten Sigmund Freud gehorsam als dem frühen Wilhelm Reich (und daher selber an ein ahistorisches Menschenbild fixiert), verfehlen bei ihrem Einstieg in die seelischen Abgründe ihrer Patienten deren geschichtlich gewordene Ängste: daß die Furcht vor *nichtsnutziger* Geschlechtlichkeit darin besteht, eine Pflicht zu versäumen und einen geschäftlichen Rückschlag zu erleiden, also statt der physischen eine ökonomische Kastration.

Zu fragen ist, ob das Individuum mit seiner sozialen Rolle bereits so verwuchs, daß beide nicht mehr ohne reale existentielle Gefahr für ersteres trennbar sind. Wäre das »Talk of the Town« anstelle des solchermaßen angepriesenen Apparates – er selber würde überflüssig und zum Objekt fürs Museum, wie etwa der im Mittelalter populäre Keuschheitsgürtel, dieser kunsthandwerkliche und übersteigerte Ausdruck pathologischen Besitzwillens.

Wall Street

An der gleichen Stelle, nämlich auf den Stufen von Federal Hall, wo er als erster Präsident der damals erst dreizehn Staaten zählenden Union vereidigt wurde, steht er heute noch: George Washington, zu Bronze geworden, und schaut auf Wall Street nieder, deren Namen sich inzwischen zum Deckwort für Geld und Macht ausgebildet hat. Einst erhob sich hier zu den Zeiten Neu-Amsterdams die Palisade, Schutz des Städtchens auf der Halbinsel, die ein gewisser Peter Minnewit aus Wesel den Manhatto-Indianern für vierundzwanzig Dollar abgekauft haben soll. Würde Washington das Gesicht nach rechts wenden, er sähe am Abschluß der Mauer-Straße die Trinity Church, ein Gebilde wie aus Steinkohle, neogotisch, Nachfolgerin der frühen, 1697 durch königliche Order Williams III. von England gegründeten, in welcher man für Gewinne oder um Verluste an der Börse – einem antikischen Tempelchen im Blickfeld des Präsidenten schräg gegenüber der Broad Street – danken oder klagen kann. Daß man der alten Legenden gedenke, erhebt sich vor besagtem Börsentempel ein Christbaum, mit bunten Glühbirnen über und über bestückt, zur Erinnerung an jenen Mann, von dem die ihm zugeschriebene Mär behauptet, er habe Geschäftsleute aus einem ähnlichen Bauwerk wie diesem vertrieben. Long long ago.

In dem mit ein paar Schritten erkundbaren Areal, aus Banken, Börse, Kirche und ehemaliger Legislative zusammengesetzt, würde man, falls ein neuer Nazarener mit der Fähre von Governor's Island oder von Liberty Island oder sonstwoher anlandete, ihm einen gut dotierten Posten anbieten, mögliche Kontroversen von vornherein auszuschließen, denn: wir haben gelernt, es erst gar nicht zu Bergpredigten und anderen Agitationen kommen zu lassen.

Federal Hall, ehe sie spät, erst 1955, zur Gedenkstätte wurde, gehörte dem Staatlichen Schatzamt. In der leeren Innenhalle, nun mit Goldbronze überzogen, die Schlösser zugeschweißt, die Riegel demontiert, entdeckt man Tresortüren, hinter denen vermutlich weder Geld noch Gold, noch Gut ruht. Ein ausgeschältes Gehäuse, in dem es außer einigen Stahlstichen an den Wänden nichts zu sehen gibt und dem daher der erste Präsident mit Recht den Rücken kehrt.

Baulichkeiten von entschiedenerer Historizität liegen gleich hinter den Bankgiganten. Marmorverkleidete Schalterhallen, dezenter Prunk teurer und erstklassiger Repräsentation, äußerer Nachweis gesicherter Liquidität, Namen in Kupfer und Bronze auf Travertin und Granit, keine Übergangszone zu den anheimelnd verwahrlosten Gassen der Waterfront, abrupt zwischen alten Schuppen, Verkauf von Bootsausrüstungen, ausgestopften Alligatoren, Südwestern, Seilen, Paddeln, Muscheln aus der Karibischen See, Gummistiefeln, Matrosenuniformen: was die Sohle berührt, ist mit einer sandigen Schicht und darin vermengtem Abfall überzogen, indes hinter der nächsten Ecke erneut frisch gesäuberter Asphalt glänzt, Clerks und Sekretärinnen zum Lunch hasten: Financial District liegt auf einem anderen Planeten gleich nebenan. So durchwandert man in utopischen Romanen ineinander verschachtelte Raum- und Zeitdimensionen.

Aus diesem Bezirk unsichtbarer Einflußnahme auf die Geschicke der Welt, auf unseres vermutlich auch, sieht man eine Straße hinunter und unvermittelt auf Deckaufbauten und Schornsteine von Ozeandampfern, auf einen Streifen East River dahinter und darüber hinaus jenseits des Flusses auf die Skyline von Brooklyn. Auch heißen dann die Straßen »Old Slip« und »Coenties Slip« – jede eine ehemalige Helling, Kreuzpunkt von

Reisen, ersehnten Abenteuern, und wo doch die Erwartungen mit den Träumen endeten: an der gesellschaftlichen Massivität der nächsten Blocks, und obwohl wir den ausgestopften kleinen braunen und schon beschädigten Alligator nicht kaufen, lächelt er alte grauhaarige Schwarze mit entfalteter Miene und sagt, was alle sagen: »Come back! You're welcome!«

Museen Manhattans

Ein auf die Spitze gestellter, abgestufter Kegel aus zweitausend Kubikmetern gegossenem Beton und siebenhundert Tonnen Stahl, entworfen von Frank Lloyd Wright, bezahlt von Solomon R. Guggenheim, dessen Namen das Gebäude trägt und dessen Gemälde darin hängen. Keine Treppe, eine sanft ansteigende (oder abfallende) Spirale wendelt sich innen hinauf respektive die sechs Stockwerke hinunter: mit dreiprozentigem Gefälle. Eine Sonderschau Miró wendelt sich mit, verbraucht sehr rasch alle Aufmerksamkeit, langweilt bald durch formale Enge, ständige bedeutungslose Motive: als läse man um ein Thema kreisende Gedichte des stets gleichen Schreibschemas. Abträglich diesen Bildern außerdem: die schiefe Ebene. Wie immer man steht, unwillkürlich richtet man sich gegen die gestörte Senkrechte auf, will dem eigenen Fuß, der selbstverständlich abwärts will, auf dem Fuße folgen, muß sich beim Abstieg bremsen, und besonders fußfühlige Personen haben, sobald sie vor einem Gemälde einhalten, das Empfinden, sie besäßen ein zu kurzes Bein. Die architektonische Absicht korrespondiert unfreiwillig mit dem Grundsatz des epischen Theaters, keine Suggestion durch Kunst aufkommen zu lassen und dem »Kunstkonsumenten« ein dauerndes Bewußtsein des eigenen Standpunktes, und sei es nur ein beinlicher, zu ermöglichen.

Im Metropolitan Museum of Art bestimmt der Besucher selber den Eintrittspreis und zahlt, was ihm der Besuch wert scheint. Statt der Eintrittskarte erhält er einen Blechklipp, dessen Farbe der Kontrolle wegen ständig wechselt: aufgedruckt ist ein weißes »M«.

Noch unbeklippte Kunstinteressenten stehen vor der Öffnungszeit Schlange; vor anderen Museen ringeln sie sich gleichfalls, und das sind die einzigen aus Leuten gegliederten, denen man überhaupt begegnet. Sonntags wird die Anziehungskraft des Magneten »Museum« übermächtig, und ganze Familienclans werden angezogen; zwischen afrikanischer und asiatischer Kunst pendelt man (willenlose Kompaßnadel) hin und her, zwischen Schnitzereien der Südseeinsulaner und ebendiesen Insulanern selber – Gestalt geworden durch Gauguins Hand.

»Das Museumsgebäude enthält 234 Galerien«, sagt der Katalog, aber er weist nicht auf jene zusätzlichen Objekte hin, welche man während der Besuchsstunden besichtigen kann: es ist die umfassendste Sammlung ethnischer Art, und sogar »live«. Auf einer Bank sitzend, läßt man die Nachkommen der polynesischen Ruderer, der Reiter am Strande, der braunhäutigen Schönen aus Tahiti an sich vorbeiparadieren, die Urenkel japanischer Samurai mit umgehängter Kamera, Kinder kongolesischer Maskenmaler und aztekischer Töpfer: keine Rasse, kein Volk, keine noch so kleine Sondergruppe der Spezies Homo sapiens, die hier nicht irgendwann vertreten wäre, einen Fotoapparat über der Schulter, den Katalog unterm Arm, am Burnus oder Sari den »M«-Knopf, von dem man sich am Ausgang trennen soll, ihn zu den andern in den Kasten abgelegter Kontrollmarken werfend, was man aber nicht tut, weil man ihn mitnimmt, ein daumennagelgroßes Memento und Assoziationsobjekt, dessen Buchstabe an der Menge seiner Träger auch anderes als Metropolitan meinen könnte, möglicherweise das Wort Mensch.

Das Museum of Modern Art besitzt zwanzigtausend Kunstwerke, weltberühmte darunter, doch zeigt es auffällig viele Picassos. Erkundigt man sich (nicht im Museum) nach den Gründen, erfährt man, der Gouverneur des Staates New York und Nachkomme eines der Museumsstifter, des berüchtigten John D. Rockefeller, des Erdölmilliardärs, Herr Nelson Rockefeller, besitze selber eine Menge Picassos, und weil die Preise dafür jetzt sänken, habe er das Museum veranlaßt, mehr Picassos auszustellen, um durch die ehrende Publizität einer weiteren Entwertung vorzubeugen. Aber wie das so geht: die Häufung ist eher schädlich. Und die Besucher sammeln sich vor Magritte, Chagall, Beckmann, vor allem vor den Naiven, vor Henri Rousseaus »Traum«, den der Maler einst selber folgendermaßen interpretierte: »Diese schlafende Frau auf der Couch träumt, daß sie zu den Klängen der Flöte des Zauberers in den Urwald gebracht wurde. Das ist auch der Grund für die Couch im Bild.« (Diese Erklärung in ihrer grandiosen Einfachheit ist fast eine Entsprechung des Bildes selber.)

Im Skulpturengarten draußen umgibt die Mauer eine zweite aus Wolkenkratzern, vor denen Lehmbrucks »Kniende« kniet und Henry Moores »Familie« sitzt und selbst die wenigen Bäume artifiziell wirken. Durch das Gitter des rückwärtigen Zuganges erblickt man den Wagenstau, starre Gesichter, ausgerichtet in eine Richtung, alle auf die Bremslichter des Vorderwagens geeicht: dubiose Gegenstände vom Fließband, äußerlich wie innerlich, wie auch wir, die wir uns bestenfalls dadurch von anderen Produkten unterscheiden, daß wir uns unserer Geprägtheit bewußt werden könnten, in einem lang anhaltenden, zögernden, beinahe unwilligen Vorgang, ausgelöst gewiß auch von den Werken in unserem Rücken, in den Etagen hinter der gläsernen Fassade, und die dadurch, indem sie zu unserem Wesen werden, ihr eigenes Wesen als Katalysator konstituieren.

Zwei Hotels

Zwei Hotels. Eins: vertikale Kleinstadt, doch ohne deren langsamen Lebensrhythmus, ohne Stille und Verschlafenheit, hektisch, und die Hektik gesteigert durch den Congress of Modern Languages Association, für den das New York Hilton das Behältnis bietet. Zehntausend Professoren (zirka) aus In- und Ausland, alles Philologen, durchwimmeln den Bau: ein babylonisches »Extra« in Babylon selber. Die Hallen, es gibt eine Anzahl, die Rezeptionen, sie sind kilometerlang, stellen die Folie für jene, die offiziell zum Fachsimpeln kommen, inoffiziell jedoch zu einem der seltsamsten Märkte der Erde: Sklavenmarkt, wie es ein Germanist aus Milwaukee nannte: Die wollen sich verbessern, suchen einen besseren, besser bezahlten Job an einer besseren Universität, die anderen, die Einkäufer, Dekane, Chairmänner, kaufen einen besseren, repräsentativeren, bekannteren, berühmteren Sprachler für ihre *Humanities.*

Gehen wir essen, alles wird ohnehin beim Essen erledigt. Im Roten Salon, wo es einem enorm rot vor den Augen wird, sitzt man in einer Tafelrunde, müßte einander laut zurufen: Hallo, verstehen Sie mich da drüben, was bestellen Sie, wir nehmen mexikanische Bohnen, die sind sowieso so teuer wie andernorts ganze Schweine am Spieß, entschuldigen Sie, ich sitze hier, bitte, danke, das Licht ist auch ziemlich gedämpft, wie die Nieren, schmeckt es denn, was gibt's für Bier: Schlitz, Schlitz und nochmals Schlitz, und den Kaffee trinken wir vielleicht in einem anderen Restaurant des Hotels, die alle in einem »Stil« zurechtgemacht sind, der Pomp und Billigkeit unauflöslich in sich vereint und ausströmt. Es sieht aus wie kurz vor dem Empfang der Königin Isabella von Kastilien bei Louis XV. – und zwar genau, wie es sich Cecil B. de Mille vorgestellt und ausgestattet hat: es soll ja nicht für die Ewigkeit, sondern nur für diesen einen Farbfilm sein.

Nächste Einstellung bitte: das andre Hotel. Eher ein mittlerer Großstadtbahnhof, stilistisch einem solchen des neunzehnten Jahrhunderts nahe und gerade durch die Gestrigkeit seines Interieurs geadelt und zum Demonstrationsobjekt geworden.

In der Halle, wo in tiefen Ledersesseln Millionäre versunken und nur durch einen Kranwagen erneut ans Tageslicht zu hieven sind, erhebt sich frei im Mittelpunkt die berühmte bronzene Normaluhr mit dem Bronzeadler (hoffentlich ist es ein Adler) am obersten Knauf. Dieses verschnörkelte Gebilde, ein Briefbeschwerer für Briefe von Teppichformat, das demnächst hundert Jahre alt wird, gilt als Treffpunktskennzeichen für Verabredungen: Also um drei im Waldorf-Astoria an der Uhr! Und wer zu früh kommt, begibt sich ins Restaurant, nimmt Platz, bestellt einen »Whisky sour« (den besten im Lande) und schaut sich um. Ringsherum amerikanisches Ancien régime. Hauch von Hautevolee, von berühmten europäischen Hotels, wo *man* vor dem Ersten Weltkrieg abzusteigen pflegte, weht durch die klimatisierte Luft. Belle Époque, so weit das Auge reicht. Die Damen, jede eine Lady, ganz unbezweifelt, meist über die ersten Sechzig hinaus, blenden bei jeder Bewegung den Blick durch Blitze, die von ihren Edelsteinkollektionen ausgehen; Herren, jeder ein Gentleman, weißhaarig, weißbärtig, in Anzügen, unmodern, aber exquisit, stellen sich selber im nichtimaginären Museum zur Schau: um ein vielfaches exotischer als die Völkerschaften vorm Portal, denn sie gehören einer aussterbenden Rasse an: den Parvenüs von vorgestern.

An der Brooklyn Bridge

Am Wasser, an der Waterfront entlang, vor Augen die Brooklyn Bridge, von der in Haushöhe lautlos die Wagen, und nur ihre Dächer sind sichtbar, über die weit ausschwingenden Brückenabfahrten hinabgleiten und nach Manhattan hinein: unfaßliche Invasion von irgendwoher und von irgendwem in unerkennbarer Absicht.

Geh nur ruhig bis zur niedrigen, breiten, steinernen Brüstung der parallel zum Flusse verlaufenden Straße und sieh hinüber: wo das jenseitige Ende der Brücke mit den gewaltigen Stütztürmen aus Granit, den gotischen Spitzbögen und dem dichten Gewebe der Stahlkabel, der Entwurf Mister John A. Roeblings von 1867, anlandet, ist Brooklyn. Hinter unserem Rücken ehemalige Slums, zu neuen Slums saniert; Wohnblocks aus rötlichem Klinker, abgestuft steigend und dem mesopotamischen Prinzip entsprechend, alle Fenster dicht, kein menschliches Wesen, als wären die Superkästen völlig unbewohnt. Wind weht. Am Bürgersteig Mülltonnen, überquellend, aus denen er Papierfetzen, Reste von Verpackungsmaterial entführt und über den Damm treibt, um alles in einer Ecke, einem Winkel liegenzulassen. Unter den eisernen Pfeilern und Streben der Hochbahn verrotten abgestellte Autos ohne Nummernschilder. Kreuzt man die Ausläufer der Brücke genau dort, wo sie den Felsgrund berühren, ist man schon unterwegs zum und fast im Financial District, der urbanen Zusammenballung geld-wirtschaftlicher Konzentration; wo sich begibt, was hierzulande das allererste Mal literarisch bei Edgar Allan Poe in der Geschichte ›Der Mann der Menge‹ aufscheint: die anonyme Masse in ihrem sichtlich sinnfernen, mechanischen und doch naturphänomenalen Dahin- und Gegeneinanderströmen.

In den ziemlich schmalen Straßen erlebt man das Überlaufen des Fasses und nimmt von Menschen nichts wahr als Kinetik und (was die Aggression fördert) daß sie nichts als Hindernisse sind auf dem eigenen eiligen Weg zur Snackbar, zum Kwik Lunch, zum raschen Imbiß innerhalb der Geschäftszeit. Wer vor einem Schaufenster einhält, um den bilden sich gleich Strudel, den pedestrischen Fluß hemmend: Tag um Tag das gleiche, bis auf einen, den Sonntag. An diesem ist die Bevölkerungsziffer außer Kraft gesetzt und gilt glaubhaft als Irrtum der Statistik. Der Schauplatz der Massengesellschaft ist leer. Aus der U-Bahn-Station Brooklyn Bridge gelangt man auf eine verlassene Bühne. Das Sternenbanner am alten Rathaus, erbaut in jenen Jahren, als bei uns daheim der König rief und alle, alle kamen, um anschließend über den preußisch-russisch-österreichischen Löffel balbiert zu werden, hängt so postkoital und betrübend herab, und die oberen Partien der Wolkenkratzer sind in den ihnen zugeordneten meteorologischen Formationen aus Wassertröpfchen verschwunden. Ampeln flammen rot und grün, Häuserblocks weit, keiner stoppt, keiner fährt an und weiter und fort, da niemand dazu da ist. Anwesend ist bloß eine große Verlassenheit und zwei Spaziergänger, umgeben von Unheimlichkeit wie von einer speziellen Atmosphäre, und es ist auch etwas darin von dem trägen Dahinziehen der Amphibien zwischen beiden Lebenselementen, Land und Wasser, wie man es aus Filmen kennt. Als wandelte man, seiner eigenen Gattungszugehörigkeit ungewiß, durch ein eben frisch aufgetauchtes Atlantis, durch die von Platon beschriebene Metropole eines an einem Tage, in einer Nacht untergegangenen Reiches, denn trotz der Massivität gebirgsähnlicher Architektur, alles für die Ewigkeit gebaut, wirkt die Bebauung gleichzeitig fragil, empfindlich, besorgniserregend gefährdet und vorübergehend, dem Besucher bedeutend, so werde er die Stadt niemals wiedersehen, falls er sie je wiedersieht. Eine neue Gebrechlichkeit, eine neue Monumentalität wird die bisherigen abgelöst haben.

Einsam die Baustelle des World Trade Center, zweier quadratischer Türme, Gipfelhöhe fünfhundert Meter: dort oben werden sie immer im Licht sein, wer, niemand anders als die lebenden Zellagglomerationen, die hier errichten, was Relikt einer utopistisch gesinnten Vergangenheit sein könnte: niemand ist da und dort. Keiner in den Straßen rundum, und von der Baustelle fortwandernd, gelangt man in einer Seitenstraße zu einem Restaurant mit dem passenden Namen Century Twenty-One, und genauso passend ist es geschlossen, verrammelt sogar, als würde es weder am Montag noch sonst einem künftigen Tag wieder geöffnet. Langsam durch Straßen wie Liberty, Cedar, Albany, über Trinity Plaza zum unteren Broadway zurück, wobei man dauernd meint, man könne diese Zipfel von West nach Ost von einem mittleren Standpunkt aus überblicken und bei diesem Unterfangen dort den Hudson, da den East River erkennen, so fern sieht man noch das Blinken der Verkehrsampeln in der umgebenden Geometrie.

Um eine Ecke lugen drei Chinesen und sind gleich wieder weg oder haben sich im Dunst aufgelöst, der bis zu den zwanzigsten Stockwerken herabwallt; eventuell waren sie nur eine Luftspiegelung, durch atmosphärischen Ausnahmezustand von Shanghai nach New York projiziert, etwa in der Art überweit reichender Fernsehwellen. Es ist nun später Nachmittag. Der an den Fassaden hinauf- und hinabstreifende Blick trifft nie ein menschliches Gesicht an einem der unzähligen Fenster, obwohl von den Türmen viele Apartmenttürme sind. Aus keinem der Tore tritt jemand heraus oder geht hinein. Sogar die gelben, meist recht lädierten Karosserien der Taxen fehlen.

Bevor eine erneute, vielleicht bedrohlichere Menschenerscheinung unser ansichtig werde, verziehen wir uns besser in die Subway, aus der soeben vier, fünf Türken oder Araber auftauchen, sich in der Einsamkeit hilflos umschauen, und steigen in den Expreßzug, der scheppernd und ratternd loslegt, losjagt zu Bezirken, wo sich Restbestände der örtlichen Menschheit noch rudimentär auf Bürgersteigen und in Lokalen erhalten haben.

Times Square

Times Square ist das Licht und die Finsternis zugleich, ließe sich im beinahe biblischen Ton behaupten, denn die Erscheinungsweise beider Phänomene ist weniger physikalischer als moralischer Natur. Times Square ist die Beleuchtungsfülle: in schattenlosen Imbißhallen demaskiert der Glanz beängstigende Gesichter, Mördergesichter, obwohl, wir wissen es nur zu gut, man Mördern meist ihre Tätigkeit nicht am Gesicht abliest; halb der Außenseite zugewandt oder zu uns herausstarrend, ohne uns jedoch erkennen zu können, die Helligkeit drinnen macht die Scheiben zu Spiegeln, steht in ausdruckslosen Zügen etwas Professionelles: fragwürdig jede physiognomische Typologie des Verbrechers (Gedenke des Scheiterns Lombrosos!), und darum soll ohne jegliches Aber die hypothetische Vermutung geäußert werden, Kriminalität, noch dazu in der dritten oder vierten Generation, bringe möglicherweise etwas wie eine Mutation hervor, die in der Veräußerlichung und dem Sichtbarwerden der schlimmen Profession bestehe. Nicht Bösartigkeit prägt sich aus, die Gesichter erscheinen nur erschreckend nackt, verloren, arm im Ausdruck und voller Devotionsbereitschaft.

Inmitten des Platzes, inmitten des Leuchtens und Flackerns, inmitten bestaunenswerter Illumination und umgeben von Cafeterias, Pornokinos, Normalkinos, Kaufhäusern, obskuren Party-Gags-Läden, eine Art kleiner Pavillon, Kiosk beinahe: das Rekrutierungsbüro der US-Armee, Tag und Nacht geöffnet, falls wer plötzlich Lust verspürt, unter die Soldaten zu gehen. Aus einer Seitenstraße arbeitet man sich während der Rush hour mühsam durch Völkerschaften auf dieses seltsame Zentrum des Zentrums zu: heute auffällig viel Polizei rundum, Streifenwagen mit Sprechfunkredenden am Steuer, Doppelposten winden sich durch die Menge, die wie die Spielkarten eines Spiels, das man selber nicht kennt, sich ineinanderschiebt, mischt, entmischt und sich anschließend trennt und verteilt – wohin, zu wem, wofür, zu was, wozu? Die abgelegten Kartenblätter, die ausgeschiedenen, verschwinden von der Oberfläche: in der U-Bahn, in Bussen, in ihren Autos, in Kinos, in verdächtigen Hauseingängen. Lautsprecherstimmen werden hörbar, skandierendes Rufen. Und erst nachdem man selber sich aus der Bevölkerungslava gelöst und den Bordstein erreicht hat, erkennt man das Rekrutierungsbüro, weiß es aber noch nicht, weiß nicht, was da vorgeht, und merkt erst, wenn man es erreicht hat, daß es voller Polizisten steckt, massige Gestalten, sich drängelnd, indes die Menge auf der Verkehrsinsel, wo das Büro sich erhebt, keine Menge, sondern eine Demonstration ist: nun bemerkt man Schilder über den Köpfen: Stop bombing North Vietnam! Stop bombing excalation!, denn Präsident Nixon hat soeben, da der Kongreß in die Weihnachtsferien ging und nicht mehr eingreifen konnte, die Bombardierungen erneut angeordnet und seinen Spitznamen, Tricky-Dick, auf den von hier aus, aus der sichtlichen Unterwelt, ein zusätzliches Spotlight fällt, als Klassifikation seiner Person bestätigt.

Der Verkehr verliert an Flüssigkeit. Von der Demonstranteninsel lösen sich einzelne, überqueren die Dämme mit Unterschriftenmappen und bitten die Passanten, sich in die Listen für die Beendigung des Krieges einzutragen. Es erscheint mit derartiger Mappe eine wohlfrisierte Dame, elegant, aber im Besitz jenes demokratischen Bewußtseins, das man bei vielen, oft bei

Leuten antrifft, von denen man es nicht vermutet: in solchen Amerikanern lebt, unabhängig von ihrer sozialen Stellung, ein starkes Gerechtigkeitsgefühl, und man trifft es insbesondere bei einer Sorte von Frauen, die durch ihre Energie, Entschiedenheit und etwas Robustes im Wesen an Pionierfrauen erinnern: daß der Schwächere die Prügel bezieht, dulden sie nicht – so einfach das Denken, so durchschlagend der mögliche Erfolg ihrer Unternehmung. Leute schreiben sich in die Listen ein, während die Anzahl der Demonstranten auf der Insel zunimmt, auf der in einigen Tagen eine andere, amorphe Masse sich versammeln wird: zum Jahreswechsel. Am Gebäude der Allied Chemical, das mit stumpfer Spitze auf das Rekrutierungsbüro zeigt, wird an ebendieser schmalen, aber hohen Frontlinie ein Ballon abwärts wandern, und wir werden es mit zehn oder mehr Millionen New-Yorkern am Bildschirm verfolgen und ebenso wie die gemischte Gesellschaft auf dem Times Square, sobald der Ballon unten landet und es Punkt zwölf Uhr ist, das neue Jahr bejubeln: obwohl keiner von uns direkt oder indirekt Teilnehmenden ahnt, was es ihm persönlich bringen wird.

South Ferry

Das Meer. Zum ersten Male roch es nach Meer, weißt du noch? Obwohl der Atlantik laut Landkarte noch ein Stück ausstand. Aber auf der Bank am äußersten Zipfel der Halbinsel, genannt Battery, auf der Bank der Kaimauer, auf der Bank hinter dem eisernen Gitter, roch man ihn schon, ahnte ihn über die wenig bewegte Bay hinweg, weißt du noch? Nasologische Sensation: bisher war ja die ganze halbe, viertel oder bloß sechzehntel Neue Welt unserer Reise geruchlich inexistent gewesen. Bestenfalls den Grillrauch von Steakhäusern nahm man wahr. Sonst? Der Golf von Mexico, die Zuckerrohrfelder von Louisiana, das winterliche Santa Fe, die herbstenden Wälder um Washington: nichts. Der Geruchssinn hatte nicht teil an ihnen (und nach der Rückkehr erklärte uns Edith Anderson, eine in Berlin lebende Amerikanerin, daß es ihr in unserer Heimatstadt so ergehe; die ganze Differenziertheit von Düften und Gerüchen nähme sie erst wieder in Amerika wahr, was staunen und fragen macht, ob wir denn nicht alle gleich sind, physisch, und darum die Überraschung, als wir aus der Endstation der Untergrundbahn stiegen: South Ferry, die Anlegestelle der Fähren zu den Inseln).

Wir nahmen unter oder im Geruch des Meeres auf der Bank Platz, wir saßen in der Sonne des ersten Tages des neuen Jahres, geblendet von Sonne und Licht und durchgewärmt, sechzehn Grad Celsius, und die Spaziergänger taten, als sei es Sommer, weißt du noch, und über uns erhob in der Ferne jene schwergewichtige Dame ihre Fackel, was der Kunstführer eine Allegorie nannte, welche »die Freiheit, die die Welt erleuchtet«, bedeute, ihre zerbrochenen Fesseln hinter sich lassend, innerlich gestärkt durch ein Gerüst vom Pariser Turmbauer Eiffel.

Ich wollte gleich zu ihr, wen lockten nicht ihre zweihundertfünfundzwanzig Tonnen, wer wollte nicht der Freiheit so nahe wie möglich sein, da aber war ein Heulen (und beinahe ein Zähneklappern), weil wir – da das Fährschiff bestimmt Havarie erlitte, auf Grund liefe oder sonstwie seeuntüchtig würde – unser nachmittags startendes Flugzeug versäumen würden, und alles sei doch gebucht, festgelegt, vorbestimmt, sogar determiniert, und wir saßen nur da, wärmten uns in der Sonne, der Wind brachte vom Ozean den Geruch her, alte Männer kauderwelschten auf der Nebenbank etwas miteinander, und wir schauten für jeweils einen *Dime* durchs automatische Fernrohr (das, wenn es meint, für zehn Cent genug geboten zu haben, abrupt erblindet) nach Liberty Island hinüber, wurden der Fähre gewahr, die nun ohne uns unterwegs war.

Rechter Hand am Pier, neben einem Hafengebäude oder massigen Bootshaus im Stile einer Altberliner Kommerzienratsvilla mit kupfergedeckten Türmchen, wasserten reglos knallrote Feuerwehrschiffe mit blank geputzten Messingsprühern und hatten einmal nichts zu löschen, weil der Tag so einmalig war, wie du sicher noch weißt. Und wir hatten unsere Koffer noch nicht gepackt, und es bestand Ungewißheit, wie wir den schwarzen Hut der Pueblo-Indianer und den violetten aus Samt, wie ihn Schwarze trugen, transportieren sollten und den Plastikregenschirm und von Christopher die Indianerweberei, frisch vom Webstuhl gehakt, auf Hölzer gespannt, mit den koitierenden Dinosauriern (zumindest sehen sie so aus), all den unsinnigen, bald erinnerungsträchtigen Kram, und dabei sahen wir zu, wie die Fähren ablegten und andere wiederkamen: es war der wärmste 1. Januar seit unserer Geburt, an die wir uns aber nicht mehr erinnerten, wie wir uns erinnerten. Trotz Freud. Hinter uns ragten schwarze, auch ockerfarbene, mit Glaswänden das Licht reflektierende Würfelberge, das örtliche Kunstgebirge, und man sah schon die noch unfertigen Türme des Welthandelszentrums, und vor all den riesigen und seltsamerweise doch wieder klein wirkenden Wolkenkratzern – was daran liegt, daß man sie immer nur aus der Entfernung überblickt und darum Fenster, Dekor, Dächer, Zubehör kaum erkennt und sogleich der optischen Täuschung von ihrer minderen Größe erliegt – stand etwas Häusliches aus Washingtons Tagen, Autobahnen traten darunter oder daneben hervor, aus den Sedimenten unter unseren Füßen kamen immer mehr Personen ans Tageslicht, aus einem weitläufigen Bahnhofsbau, wo den Felsgrund auch gußeiserne und grün gestrichene Hallen decken, schön beschnörkelt, den Weitblick auf blaue Flächen nicht verstellend, zögernde Autos von Ausflüglern rundum, ein Polizeiwagen wie immer anwesend, und wir folgten den Absteigenden in die Unterwelt, weißt du noch, und warteten am Halbrund des Bahnsteiges auf den Zug, der dieses Halbrund ausfährt, seine alte Strecke Uptown erneut unter die Räder zu nehmen. Die Bahnsteigkanten aus geriffeltem Eisen klappten dann plötzlich den sich öffnenden Wagentüren entgegen, damit man einsteigen konnte, ohne zwischen Kante und Wagen zu fallen, und ungefallen fuhren wir aufwärts zur 86. Straße, um endlich den schwarzen Filzhut in einer papiernen Tragetasche von »Scarborough's« (Congress Avenue, Austin) unterzubringen, noch einmal gegenüber im Wiener Kellerlokal wienerisch zu speisen und uns bei sinkender Sonne aus Manhattan zurückzuziehen.

Der Taxifahrer, wie alle seine Kollegen (manchmal: Kumpane), schrieb wieder in seine Vordruckliste, daß zwei Personen eingestiegen sowie das Fahrziel: Kennedy Airport, und an jeder Kreuzung bei Rot notierte er jede Kreuzung, welche Avenue, welche Straße, über welche Brücke oder durch welchen Tunnel, weil das Polizeihauptquartier am Abend die Listen verlangt, warum, weiß keiner, und so, schreibend und lenkend, ersparte er uns den Queens-Midtown-Tunnel unterm East River hindurch (den kannten wir schon) und brachte uns über die Washington-Brücke, damit man mit einer halben Drehung des Nakkens Rückschau halte auf die Silhouette Manhattans, mit einer ganz scharfen Schere hergestellte Umrisse, innerhalb derer immer mehr und mehr Glanzpunkte erschienen, zusätzliche Nadelstiche im schwarzen Papier, indes der Himmel darüber eine Färbung annahm, wie wir sie vordem nicht gekannt hatten. Das Gelb einer unreifen Zitrone. Als Aureole um die geometrischen Formen. Höher ward es grünlicher, grüner, ein Spektrum derartiger Unnatur, wie sie Luftverschmutzung, Windstille, Einfallswinkel letzter Photonenausschüttungen, verschiedene Bedingungen also, hervorrufen, als Ergebnis zivilisatorischer Hypertrophie: kein Gedanke daran während des Anblickes, denn das, was man sieht, ist die Einmaligkeit und die Großartigkeit der Umstände, des Momentes, der Sicht, der Gegenstände, meist Instabilitäten, aus denen Schönheit entsteht, schwaches Verb, richtiger: *hervorbricht,* intensiv, gar gewalttätig, welche gerade durch ihre Vergänglichkeit – niemals kommen alle Komponenten wieder in dieser Konstellation zusammen – ganz unvergänglich ist.

Doch beschriebene Schönheit ist kaum mehr als ein Schatten, schwach und gleich denen des Hades unfähig, körperlich vor uns, vor allen anderen wiederzuerstehen. Du warst aber schon zu unruhig, blicktest meist geradeaus, Richtung Flugphobie oder Berlin, wir ahnen nie, wo der andre grad landet, doch ich verrenkte mir das Genick, um nichts von dem Anblick zu verlieren, der unter meiner emphatischen Aufmerksamkeit seine Farben sacht einbüßte und rasch nachdunkelte: eine Ansichtskarte, die im Dunkel des Briefkastens verschwindet.

Wenn du dich erinnerst, wirst du wieder alles wissen.

Nachtrag:
Wieso ich beinahe Amerikaner gewesen wäre

Drei Jahre nach dem Sezessionskrieg, dem ersten modernen Krieg der Geschichte, ausgewiesen durch Materialschlachten und die Zahl der Gefallenen, etwa eine Million insgesamt, wird am 24. Februar 1868 in einem der unterlegenen Südstaaten, in Tennessee, ein relativ junger Mann amerikanischer Staatsbürger. Er ist erst einunddreißig Jahre alt, ziemlich kurz geraten (fünf Fuß dreieinviertel Inches, englisch), Jude aus Deutschland und außerdem ahnungslos, daß er mein Urgroßvater werden würde.

Sein Reisepaß, ein DIN-A-3-Bogen, zur Hälfte mit Majuskeln bedeckt: THE UNITED STATES OF AMERICA to all to whom these PRESENTS SHALL COME GREETING, enthält in der Beschreibung seines Besitzers indirekt das klassische Schönheitsideal, verborgen in Euphemismen. So wird die Stirn meines Urgroßvaters als »hoch« bezeichnet, was eine realistischer gesinnte Gegenwart »Halbglatze« nennen würde. Seine Nase gilt dem amtlichen Unterzeichner, es ist ein Vorgänger Dr. Kissingers persönlich, gar als »griechisch«. (In Unkenntnis der Antike bezeichnete man damals damit gebogene Nasen. »Dein Urgroßvater hat einfach einen krummen Zinken gehabt!« meinte jemand, von dem noch die Rede sein wird.) Des weiteren sind Haar und Augen braun, der Mund klein, Kinn und Gesicht rund, sein Aussehen jedoch wird »blaß« genannt: ein längst ungebräuchlicher Hinweis in Personalpapieren.

Dieser kleine blasse Mann, der außer dem Vornamen »Herrmann« seinem Urenkel eine Determinante für dessen gesamtes Leben hinterließ, hatte neun gute Gründe, blaß zu sein, und der Außenminister nennt sie auch: »I the undersigned Secretary of State of the United States of America hereby request all whom it may concern to permit safely and freely to pass Herrmann Caro with his wife and his *nine children*, a citizen of the United States, and in case of need to give him all lawful Aid and Protection.«

Neun Kinder – wahrhaftig, da kann man leicht eine hohe Stirn bekommen und eine entsprechend sorgenvolle Gesichtsfarbe! Was nutzt in solchem Falle das Ersuchen um gesetzliche Hilfe und Unterstützung an alle, die es angeht: die Chancen für diese Großfamilie müssen im wirtschaftlich noch darniederliegenden Süden äußerst gering gewesen sein. Wie mein Urgroßvater überhaupt auf die Idee kam, nach Tennessee zu ziehen, seine Antriebe und Gründe für diese gewiß teure Reise mit den vielen Kindern, unter denen ein Mädchen mit dem schönen Namen Flora war, das ich als meine Großmutter kennenlernte, sind ganz unverständlich. Welche unsinnige Erwartung trieb ihn zum Land am Mississippi; was versprach sich das reisige Ehepaar von den ruinierten Plantagenbesitzern? Ein unsichtbares Fragezeichen schlängelt sich durch die englische Kalligraphie des Schriftstückes, dessen Photokopie ich im Aktenköfferchen unter Gedichten und Prosastücken in die Flugzeugkabine und mit in die USA nahm, um an Ort und Stelle dieses Fragezeichen vielleicht in ein Zeichen der Antwort verwandeln zu können, und so benötigte ich selber lawful Aid and Protection, fand sie auch bei dem, der mich so rigoros über die Nasenform meines Urgroßvaters aufklärte, ein Professor an der Law School, der Juristischen Fakultät der Universität von Texas und seinerseits Emigrantenkind, gleichaltrig mit dem Hilfeersuchenden und Unterstützungsbedürftigen, für den er, einer schematischen Kurzformel zufolge, *die Drähte spielen ließ:* nach Washington, von wo die Auskunft anlangte, es existierten möglicherweise noch Unterlagen.

Und dann traf aus New York tatsächlich die Photokopie eines anderen Dokumentes ein, dessen einstiger Zweck jedoch unklar ist und bleibt. Es handelt sich um die Bestätigung der Identität von Herrmann Caro durch Henry Bischoff, a Public Notary, in and for the State of New York: »And I Certify the annexed description of his person to be correct.« Klein, griechennasig, braunhaarig, wie immer blaß und begleitet von Weib und Kindern: gesiegelt und beschworen am 6. März 1868; beeidet und unterzeichnet vom Zeugen Morris Cohen, im Anwaltsbüro, 56, Bowery, New York City. Einen Tag später (und dafür mag die Identitätsbestätigung gedient haben) bekam mein Urgroßvater den Paß Nummer 36133, datiert vom 7. März desselben Jahres, und danach verschwindet er aus der ferneren nationalen Historie der USA. Keine weiteren Schriftstücke haben den Urenkel erreicht, und Herrmann Caros Aufenthalt in Gottes eigenem Land scheint wenig später beendet gewesen zu sein. Die Heimat kriegt ihn wieder, wiederum ohne ersichtliche Gründe, und erst nachdem der Jurist die Pandekten der Epoche gewälzt, bot sich eine mögliche Erklärung an, welche mein Jahrgangs- und auch sonstiger Genosse so formulierte: »Dein Urgroßvater war ein Drückeberger! Der wollte nicht in Deutschland Soldat werden!« – Wer wollte das schon, mein Lieber, außer jenen Geistern, die ihrer selbst erst in einer Uniform ansichtig werden.

In vergangenen Tagen, da das Wechseln der Vaterländer so leicht und so wenig bedeutsam war, fuhr man nach Amerika, wo man einstmals sehr leicht die Staatsangehörigkeit erhielt, um als Amerikaner in die Heimat zurückzukehren, in der man durch die neue Nationalität keinen anderen Nachteil erfuhr als den, nicht den Rock des Kaisers tragen und nicht seinen Reichstag wählen zu dürfen. In jenen dem Kommentar des Lesers überlassenen Tagen scheint solche Ausflucht vor dem Heeresdienst aber einen derartigen Umfang angenommen zu haben, daß Bismarck, der Eiserne Kanzler, mit den Vereinigten Staaten einen Vertrag abschloß, dem zufolge die erworbene amerikanische Staatsbürgerschaft in Deutschland automatisch nach zwei Jahren verfiel: Dein Urgroßvater hat sich gedrückt, wie ich gesagt habe!

Kann sein. Ein ihn ehrendes Motiv für solch aufwendigen Amerika-Trip. Doch nahm er nur darum die großen Mühen, die großen Kosten einer solchen, damals umständlichen Reise mit Frau und Kindern auf sich? Wie befriedigend (nämlich für das Kausalitätsbedürfnis) wäre es, ließe sich denken, er habe im Bewußtsein wiederkehrender künftiger Verfolgung von (griechennasigen) Minderheiten die Sicherheit für seinesgleichen, für seine Nachkommen gesucht und, der ungünstigen Nachkriegssituation wegen, nicht gefunden.

Weil mir genaueres Wissen über seine Beweggründe fehlt, muß ich mir selber sagen, ich bin kein Amerikaner infolge des Kinderreichtums und der daraus resultierenden Blässe eines Kleinwüchsigen, dem eben darum vielleicht niemand Lohn und Brot, Anstellung und Arbeit geben wollte. Logischer Schluß: die Kapitulation der Konföderierten unter General Lee bei Appomattox in Virginia hat eigentlich mein Dasein bestimmt. Sonst wäre ich der weißbeschürzte Verkäufer bei Sam Slaughter, Besitzer einer der vielen Galerien in der Madison Av., Manhattan, Mitglied des Senats mit einem Haus in Georgetown, Washington, oder Mitglied der Maffia, mit zwei Häusern dortselbst, Ghostwriter für Prominente, selber prominent als Unterhaltungskünstler in Las Vegas, mein Antlitz in Schaukästen von Los Angeles bis zum Broadway, jedenfalls ein anderes Ich – von dem aber ganz deutlich Spurenelemente in mir stecken, denn was wohl verursachte diesen Hang, diese spürbare, immer verspürte Hinneigung zu diesem seltsamen Gebilde jenseits des Atlantischen Ozeans? Eine überseeische Beeinflussung der Chromosomen besagter Person, Ahn oder Vorfahre, von der nicht mehr vorhanden ist als die beiden photokopierten Schriftstücke; nicht einmal deren Original besitze ich.

Das von Henry Bischoff ausgestellte liegt in New York verwahrt, über den Verbleib des anderen sind nur Vermutungen möglich. Ein Enkel des Dokumentierten, mein Onkel also, vornamens Kurt, nahm das Original ebenfalls auf eine Reise mit –

nur führte die nach Auschwitz (war aber als Ziel nicht angegeben) –, um notfalls das Papier vorzuzeigen, sich als potentieller Ausländer auszuweisen – in der unsinnigen Hoffnung, Hitlers Helfer, Komplikationen mit einer Weltmacht befürchtend, würden akzeptieren, in case of need to give him lawful Aid and Protection, anstatt ihn auszulöschen. Auf diese Weise ist das Schriftstück vom Erdboden verschwunden, zusammen mit dem, der sich davon Schutz, wenigstens einen minimalen, versprochen hatte; gemessen an dem wirklichen Geschehen, scheint jede Nostalgie berechtigt und außerdem das letzte Jahrhundert an Menschlichkeit keinen Zuwachs, eher Rückgang erfahren zu haben.

Endete die eine Reise mit der kurzfristigen Teilhabe an einer großen Nation und die nächste im Tod durch Teilhabe an einer bekannten mitteleuropäischen, so beschließt die dritte, meine, eine Erkenntnis: über die Entwicklung individueller Möglichkeiten im Zeitraum dreier Generationen: von einer uns bereits verblüffenden Aktivität über eine uns beängstigende und bedrückende Passivität gelangen wir zu unserem aktuellen Selbst, das, auch im größeren Maßstab, durch die erwähnten Möglichkeiten geprägt ist und das sich auszeichnet durch von Vorsicht gehemmten Handlungswillen.

Die ›neue reihe‹ für die neue Literatur

Botho Strauß:
Die Widmung
Eine Erzählung
dtv 6300

Christa Reinig:
Die Prüfung des Lächlers
Gesammelte Gedichte
dtv 6301

Barbara Frischmuth:
Das Verschwinden des Schattens in der Sonne
Roman
dtv 6302

Helga Schütz:
Mädchenrätsel
Roman
dtv 6303

Jutta Schutting:
Sistiana
Erzählungen
dtv 6304

Udo Steinke:
Ich kannte Talmann
Erzählungen
dtv 6305

H. C. Artmann:
Die Jagd nach Dr. U. oder Ein einsamer Spiegel, in dem sich der Tag reflektiert
dtv 6306

Gabriele Wohmann:
Ich weiß das auch nicht besser
Gedichte
dtv 6307

Paul Kersten:
Der alltägliche Tod meines Vaters
Erzählung
dtv 6308

Botho Strauß:
Trilogie des Wiedersehens
Theaterstück
Groß und klein · Szenen
dtv 6309

Günter Kunert:
Ein englisches Tagebuch
dtv 6310

dtv

Heinrich Böll

»Was läßt die Leser zu ihrem Böll greifen? Vielleicht das völlige Fehlen dessen, was sonst unser Leben ausmacht: die Herrschaft der Heuchelei.« (Gerhard Zwerenz)

dtv 200

dtv 1439

dtv 1536

dtv 2501

dtv 2526

dtv 2537